全国一级建造师执业资格考试考霸笔记

编写委员会

蔡　鹏　炊玉波　高海静　葛新丽　黄　凯　李瑞豪
梁　燕　林丽菡　刘　辉　刘　敏　刘鹏浩　刘　洋
马晓燕　千成龙　孙殿桂　孙艳波　王竹梅　武佳伟
杨晓锋　杨晓雯　张　帆　张旭辉　周　华　周艳君

前　言

从每年一级建造师考试数据分析来看，一级建造师考试考查的知识点和题型呈现综合性、灵活性的特点，考试难度明显加大，然而枯燥的文字难免让考生望而却步。为了能够帮助广大考生更容易理解考试用书中的内容，我们编写了这套"全国一级建造师执业资格考试考霸笔记"系列丛书。

这套丛书由建造师执业资格考试培训老师根据"考试大纲"和"考试教材"对执业人员知识能力要求，以及对历年考试命题规律的总结，通过图表结合的方式精心组织编写。这套丛书是对考试用书核心知识点的浓缩，旨在帮助考生梳理和归纳核心知识点。

本系列丛书共 7 分册，分别是《建设工程经济考霸笔记》《建设工程项目管理考霸笔记》《建设工程法规及相关知识考霸笔记》《建筑工程管理与实务考霸笔记》《机电工程管理与实务考霸笔记》《市政公用工程管理与实务考霸笔记》《公路工程管理与实务考霸笔记》。

本系列丛书包括以下几个显著特色：

考点聚焦　本套丛书运用思维导图、流程图和表格将知识点最大限度地图表化，梳理重要考点，凝聚考试命题的题源和考点，力求切中考试中 90% 以上的知识点；通过大量的实操图对考点进行形象化的阐述，并准确记忆、掌握重要知识点。

重点突出　编写委员会通过研究分析近年考试真题，根据考核频次和分值划分知识点，通过星号标示重要性，考生可以据此分配时间和精力，以达到用较少的时间取得较好的考试成绩的目的。同时，还通过颜色标记提示考生要特别注意的内容，帮助考生抓住重点，突破难点，科学、高效地学习。

贴心提示　本套丛书将不好理解的知识点归纳总结记忆方法、命题形式，提供复习指导建议，帮助考生理解、记忆，让备考省时省力。

[书中 红色字体 标记表示重点、易考点、高频考点； 蓝色字体 标记表示次重点]。

此外，为行文简洁明了，在本套丛书中用"[14、21年单选，15年多选，20年案例]"表示"2014、2021年考核过单项选择题，2015年考核过多项选择题，2020年考核过实务操作和案例分析题。"

为了使本套丛书尽早与考生见面，满足广大考生的迫切需求，参与本套丛书策划、编写和出版的各方人员都付出了辛勤的劳动，在此表示感谢。

本套丛书在编写过程中，虽然几经斟酌和校阅，但由于时间仓促，书中不免会出现不当之处和纰漏，恳请广大读者提出宝贵意见，并对我们的疏漏之处进行批评和指正。

目 录

1B410000 公路工程施工技术

1B411000 路基工程 — 001

- 1B411010 路基施工技术 — 001
- 1B411020 公路路基防护与支挡 — 022
- 1B411030 公路工程施工综合排水 — 026
- 1B411040 公路工程施工测量技术 — 028
- 1B411050 路基工程质量通病及防治措施 — 030

1B412000 路面工程 — 033

- 1B412010 路面基层（底基层）施工技术 — 033
- 1B412020 沥青路面施工技术 — 045
- 1B412030 水泥混凝土路面施工技术 — 054
- 1B412040 中央分隔带及路肩施工技术 — 059
- 1B412050 路面工程质量通病及防治措施 — 060

1B413000 桥梁工程 — 065

- 1B413010 桥梁的构造 — 065
- 1B413020 常用模板、支架和拱架的设计与施工 — 072
- 1B413030 钢筋与混凝土施工技术 — 074
- 1B413040 桥梁基础工程施工技术 — 082
- 1B413050 桥梁下部结构施工技术 — 088
- 1B413060 桥梁上部结构施工技术 — 090
- 1B413070 大跨径桥梁施工 — 100
- 1B413080 桥梁工程质量通病及防治措施 — 105

1B414000 隧道工程 — 110

- 1B414010 隧道围岩分级与隧道构造 — 110
- 1B414020 隧道地质超前预报和监控量测技术 — 112

1B414030	公路隧道施工技术	114
1B414040	特殊地段施工	122
1B414050	隧道工程质量通病及防治措施	125

1B415000　交通工程　127

1B415010	交通安全设施	127
1B415020	监控系统	129
1B415030	收费系统	129
1B415040	通信系统	130
1B415050	供配电及照明系统	131

1B420000　公路工程项目施工管理

1B420010	公路工程项目施工组织与部署	132
1B420020	公路工程进度控制	134
1B420030	公路工程项目技术管理	137
1B420040	公路工程施工质量管理	140
1B420050	公路工程项目安全管理	146
1B420060	公路工程施工合同管理	153
1B420070	公路项目施工成本管理	156
1B420080	公路工程造价管理	158
1B420090	公路工程施工现场临时工程管理	160
1B420100	公路工程施工机械设备的使用管理	163

1B430000　公路工程项目施工相关法规及标准

1B431000　公路建设管理法规和标准　170

1B431010	公路建设法规体系和标准体系	170
1B431020	公路建设管理相关规定	170

1B432000　公路施工安全生产和质量管理相关规定　177

1B432010	公路工程施工安全生产相关规定	177
1B432020	公路工程质量管理相关规定	180

1B410000 公路工程施工技术

1B411000 路基工程

1B411010 路基施工技术

【考点1】路基施工技术准备（☆☆☆）[20年多选，21年案例]

1. 土作为路堤填料的材料的试验项目

图 1B411010-1　土作为路堤填料的材料的试验项目

 考生在考试时一定要看清楚问题的要求，是"常规"还是"必要"，不要答非所问。

2. 路基应进行试验路段施工的情况

图 1B411010-2　路基应进行试验路段施工的情况

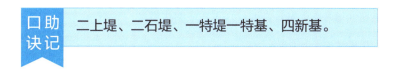 二上堤、二石堤、一特堤一特基、四新基。

3. 路堤试验路段压实工艺主要参数

图 1B411010-3　路堤试验路段压实工艺主要参数

这个知识点在 2021 年考过，今年考核的可能性不大，但是这几个参数很重要。

4. 路堤试验路段施工总结的内容

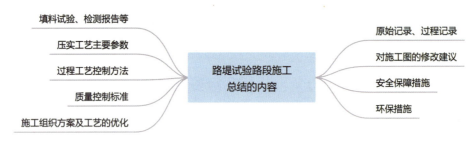

图 1B411010-4　路堤试验路段施工总结的内容

这个知识点在命题时，可能会把"对施工图的修改建议"改为"对初步设计文件的修改建议"，让考生找出错误之处并改正。

【考点 2】原地基处理要求（☆☆☆）[18 年单选]

1. 地基表层碾压处理压实度控制标准

地基表层碾压处理压实度控制标准　　表 1B411010-1

公路等级	一般土质压实度控制标准
二级及二级以上公路	不小于 90%
三、四级公路	不小于 85%

二以上九零、三以下八五。

2. 原地基处理的要求

原地基处理的要求　　表 1B411010-2

原地基	处理要求
低路堤	进行超挖、分层回填压实，其处理深度应不小于路床厚度
坑、洞、穴等	用合格填料分层回填、分层压实
泉眼或露头地下水	采取有效导排措施，将地下水引离后方可填筑路堤

考试用书中讲到的 7 种原地基的处理，只有这 3 种可能会考核，另外 4 种不太好命题。

【考点3】挖方路基施工（☆☆☆☆）[17年、21年单选，14年、21年案例]

1. 土质路堑施工工艺流程

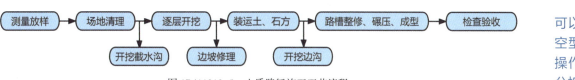

图 1B411010-5　土质路堑施工工艺流程

> **直击考点**
> 可以考核填空型的实务操作和案例分析题。

2. 土质路堑施工作业方法

土质路堑施工作业方法　　　　表 1B411010-3

方法		图示	适用范围
横向挖掘法	单层横向全宽挖掘法		适用于挖掘浅且短的路堑
	多层横向全宽挖掘法		适用于挖掘深且短的路堑
纵向挖掘法	分层纵挖法		适用于较长的路堑开挖
	通道纵挖法		适用于较长、较深、两端地面纵坡较小的路堑开挖
	分段纵挖法		适用于过长，弃土运距过远，一侧堑壁较薄的傍山路堑开挖
混合式挖掘法			多层横向全宽挖掘法和通道纵挖法混合使用，适用于路线纵向长度和挖深都很大的路堑开挖

口诀助记：单层多层均横向。

3. 石质路堑开挖方式

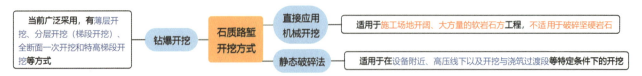

图 1B411010-6 石质路堑开挖方式

4. 确定石方开挖方案的因素

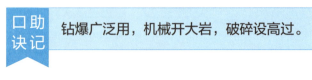

口诀助记：钻爆广泛用，机械开大岩，破碎设高过。

图 1B411010-7 确定石方开挖方案的因素

 这是多项选择题或实务操作和案例分析题很好的采分点。

5. 石质路床清理规定

石质路床清理规定　　　　　　　　　　　　表 1B411010-4

情况	清理规定
欠挖部分	应予凿除
超挖部分	应采用强度高的砂砾、碎石进行找平处理，不得采用细粒土找平
底面有地下水时	设置渗沟进行排导，渗沟应采用硬质碎石回填
路床的边沟	应与路床同步施工

 要注意"不得"一词，这就是命题的干扰项。

【考点4】路基爆破施工（☆☆☆☆）[16年、22年单选，16年、21年多选]

1. 综合爆破施工技术

综合爆破施工技术　　　　　　　　　　　　表 1B411010-5

类型		炮眼直径和深度	适用范围
小炮	钢钎炮	炮眼直径和深度分别小于 70mm 和 5m	适用于地形艰险及爆破量较小地段（如打水沟、开挖便道、基坑等），在综合爆破中是一种辅助炮型
	深孔爆破	孔径大于 75mm、深度在 5m 以上	是大量石方（万方以上）快速施工的发展方向
洞室炮	药壶炮	深 2.5~3.0m 以上的炮眼	主要用于露天爆破
	猫洞炮	炮洞直径为 0.2~0.5m，深度小于 5m	在有裂缝的软石坚石中可以获得好的爆破效果

 要区分4种炮型的炮眼直径和深度，注意这几个数值。适用范围很适合单项选择题的命题。

2. 路基爆破常用的爆破方法

路基爆破常用的爆破方法　　　　表 1B411010-6

爆破方法	图例	技术
光面爆破		在有侧向临空面的情况下，用控制抵抗线和药量的方法进行爆破，使之形成一个光滑平整的边坡
预裂爆破		在没有侧向临空面和最小抵抗线的情况下，用控制药量的方法，使拟爆体与山体分开，作为隔震减震带
微差爆破		两相邻药包或前后排药包以若干毫秒的时间间隔依次起爆
定向爆破		利用爆能将大量土石方按照指定的方向，搬移到一定的位置并堆积成路堤

主要以单项选择题的形式进行考核。

3. 石质路堑爆破施工技术要点

石质路堑爆破施工技术要点：
- 需编制爆破专项施工方案，报有关部门审批
- 采用手风钻或潜孔钻钻孔，炮眼布置在整体爆破时采用"梅花形"或"方格形"，预裂爆破时采用"一字形"
- 单孔装药量的计算由孔距、梯段爆破单位耗药量、台阶高度、最小抵抗线决定
- 采用分段毫秒爆破方法最大用药量的计算由建筑物与爆破中心距离、与地质条件有关的系数、药量指数、爆破安全振动速度决定
- 炮眼装药后用木杆捣实，填塞黏土

图 1B411010-8　石质路堑爆破施工技术要点

要注意计算最大用药量时的因素，多项选择题的采分点。

【考点5】填方路基施工（☆☆☆☆☆）[21年、22年单选，17年、19年多选，20年、21年案例]

1. 路基和路床填料一般规定

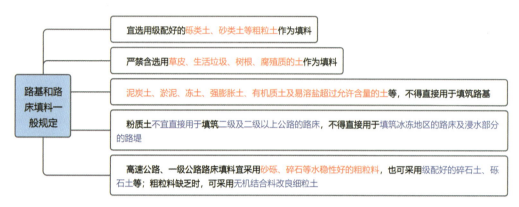

图 1B411010-9　路基和路床填料一般规定

 区分"可以作为填料""严禁作为填料""不得直接用于填料"，这是多项选择题命题的好素材。

2. 填土路堤的填筑方法

填土路堤的填筑方法　　　　　　　表 1B411010-7

填筑方法	填土路堤的填筑方法
水平分层填筑	按照横断面全宽分成水平层次，逐层向上填筑，是路基填筑的常用方式
纵向分层填筑	依路线纵坡方向分层，逐层向上填筑。常用于地面纵坡大于12%、用推土机从路堑取料、填筑距离较短的路堤。缺点是不易碾压密实
横向填筑	从路基一端或两端按横断面全高逐步推进填筑。仅用于无法自下而上填筑的深谷、陡坡、断岩、泥沼等机械无法进场的路堤
联合填筑	路堤下层用横向填筑而上层用水平分层填筑。适用于因地形限制或填筑堤身较高，不宜采用水平分层填筑或横向填筑法进行填筑的情况

 注意区分4种方法的填筑方式和适用场合，大多会以单项选择题的形式考核。

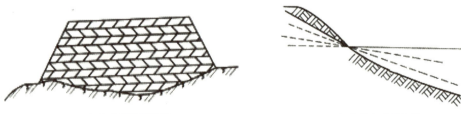

（a）水平分层填筑　　　　　　（b）纵向分层填筑

图 1B411010-10　填土路堤的填筑方法

3. 土石方分层填筑施工工艺流程

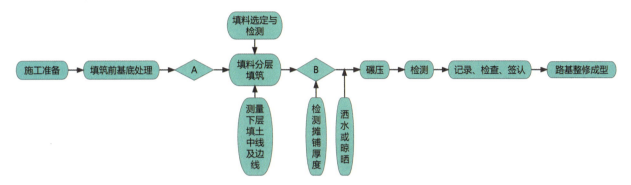

图 1B411010-11　土石方分层填筑施工工艺流程

 在考试中可能会把流程中的某几项用字母符号代替，让考生回答其名称。该工艺流程中 A 和 B 的名称分别为：A 是基底检测、B 是推土机摊铺整平（或摊平，或整平）。

4. 土质路堤压实施工技术要点

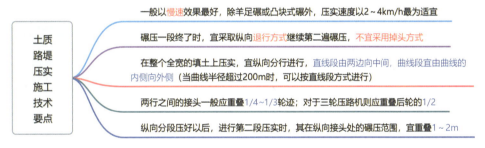

图 1B411010-12　土质路堤压实施工技术要点

 这里的数值、压实方向是命题的采分点。

5. 土质路堤施工规定

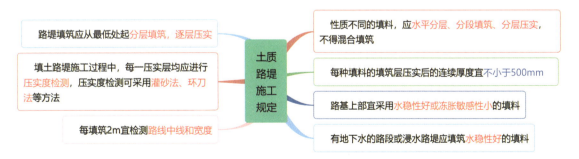

图 1B411010-13　土质路堤施工规定

 单项选择题、多项选择题、实务操作和案例分析题都可以考核。

007

6. 填石路堤施工工艺流程

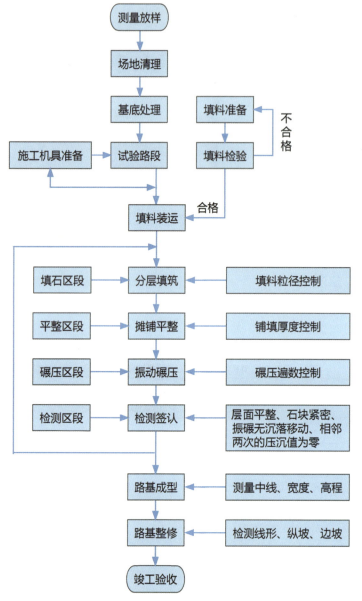

图 1B411010-14 填石路堤施工工艺流程

直击考点

在实务操作和案例分析题经常考核，把其中某几项工艺用字母符号代替，让考生写出工艺名称。

7. 填石路堤填筑方法

填石路堤填筑方法

表 1B411010-8

方法	施工方法	适用范围	优点和缺点
竖向填筑法（倾填法）	以路基一端按横断面的部分或全部高度自上往下倾卸石料	用于二级及二级以下且铺设低级路面的公路，也可用在陡峻山坡或大量以爆破方式挖填筑的路段，以及陡坡、断岩、泥沼地区和水中作业的填石路堤	路基压实、稳定问题较多

续表

方法	施工方法	适用范围	优点和缺点
分层压实法（碾压法）	自下而上水平分层，逐层填筑，逐层压实	高速公路、一级公路和铺设高级路面的其他等级公路	—
冲击压实法	利用冲击压实机的冲击碾周期性、大振幅、低频率地对路基填料进行冲击，压密填方	—	优点：具有连续性和压实厚度深。 缺点：使用受到限制
强力夯实法	起重机吊起夯锤从高处自由落下	—	优点：机械设备简单，击实效果显著，施工速度快

 这个内容相对来说命题的概率弱一些。

8. 填石路堤施工要求

图 1B411010-15　填石路堤施工要求

 要与土质路堤的施工要求对比学习。

9. 填石路堤填料要求

图 1B411010-16　填石路堤填料要求

 可以这样来命题：填石路堤施工中，不得用于路堤填筑的材料有（　　）。

009

10. 填石路堤横断面设计示意图

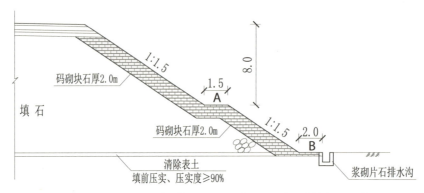

图 1B411010-17 填石路堤横断面设计示意图（图中尺寸单位以 m 计）

 识图题是目前经常考核的题型。图中 A 部位的名称：边坡平台，B 部位的名称：护坡道。

11. 土石路堤施工要求

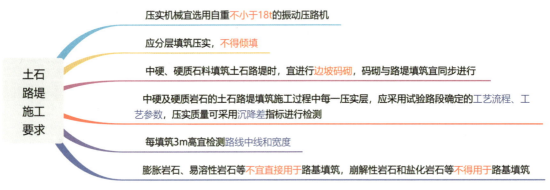

图 1B411010-18　土石路堤施工要求

 要与土质路堤、填石路堤的施工规定对比学习。

12. 高填方路堤横断面示意图

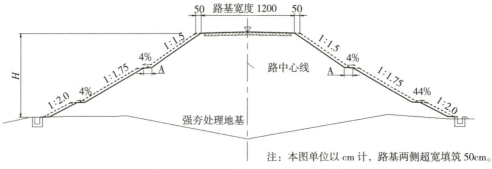

图 1B411010-19　高填方路堤横断面示意图

该高填方路堤采用强夯处理地基，采用水平分层填筑路堤。图中标注 H 的术语名称是路基边坡高度，图中标注 A 的术语名称是边坡平台。

13. 斜坡高路堤稳定监测布设示意图

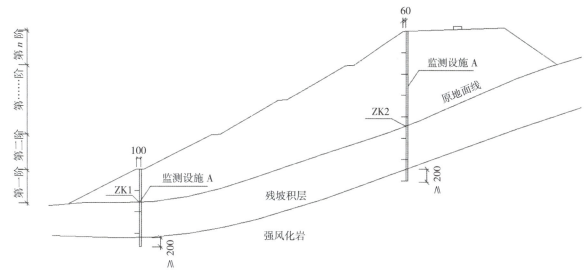

图 1B411010-20　斜坡高路堤稳定监测布设示意图（图中尺寸以 cm 计）

 图中监测设备 A 的名称是测斜管。

14. 高路堤施工技术

图 1B411010-21　高路堤施工技术

 有关施工技术的知识点很容易考核正误判断型题目。

011

15. 粉煤灰路堤施工技术

图 1B411010-22 粉煤灰路堤施工技术

 要注意粉煤灰路堤与土质路堤的组成区分。

16. 粉煤灰路堤压实度标准

粉煤灰路堤压实度标准　　　　表 1B411010-9

填料应用部位	压实度（%）	
	高速、一级公路	二级及二级以下公路
下路床	—	≥92
上路堤	≥92	≥90
下路堤	≥90	≥88

 3 个数值要区分开。

17. 台背与墙背填筑施工技术

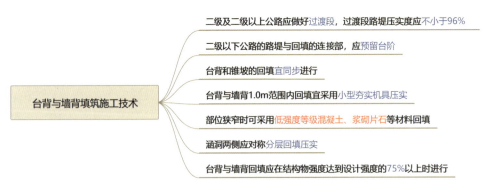

图 1B411010-23 台背与墙背填筑施工技术

 这两个百分比是命题很好的素材。

【考点6】路基季节性施工（☆☆☆）[18年、19年单选，16年多选]

1. 路基雨期施工地段的选择与冬期施工项目的选择

路基雨期施工地段的选择与冬期施工项目的选择　　　表 1B411010-10

选择	雨期施工	冬期施工
可选择	丘陵和山岭地区的砂类土、碎砾石和岩石地段和路堑的弃方地段	泥沼地带河湖冻结到一定深度后需换土时
		含水率高的流动土质、流沙地段的路堑
		河滩地段开挖基坑修建防护工程
		岩石地段的路堑或半填半挖地段的开挖作业
不可选择	重黏土、膨胀土及盐渍土地段和平原地区排水困难	高速公路、一级公路的土质路基和地质不良地区的公路路堤
		土质路堤路床以下1m范围内
		半填半挖地段、填挖交界处
		铲除原地面的草皮、挖掘填方地段的台阶
		整修路基边坡
		在河滩低洼地带将被水淹的填土路堤

 可以这样命题：（1）雨期路基施工地段宜（或不宜）选择（　　）；（2）不宜冬期施工的路基工程施工项目是（　　）。

2. 雨期与冬期填筑路堤的施工技术要求

雨期与冬期填筑路堤的施工技术要求　　　表 1B411010-11

雨期填筑路堤	冬期填筑路堤
填料应选用透水性好的碎石土、卵石土、砂砾、石方碴和砂类土等，不得用含水率过大难以晾晒的土	填料应选用未冻结的砂类土、碎石、卵石土、石渣等透水性好的材料，不得用含水率大的黏质土
每一填筑层表面应做成2%~4%双向路拱横坡以利于排水	每层松铺厚度应比正常施工减少20%~30%
分层填筑，及时碾压	当天填土应当天完成碾压
低洼地带或高出设计洪水位0.5m以下部位应选用透水性好、饱水强度高的填料分层填筑	当填筑高程距路床底面1m时，碾压密实后应停止填筑

 对比学习更有效果。

3. 雨期与冬期开挖路堑的施工技术要求

雨期与冬期开挖路堑的施工技术要求 表 1B411010-12

雨期开挖路堑	冬期开挖路堑
挖方边坡不宜一次挖到设计坡面	挖方边坡不得一次挖到设计线,应预留一定厚度的覆盖层
当挖至路床顶面以上 300～500mm 时应停止开挖,并在两侧挖好临时排水沟,待雨期过后再施工	路基挖至路床顶面以上 1m 时,完成临时排水沟后,应停止开挖,待冬期过后再施工
开挖岩石路基,炮眼宜水平设置	—

 继续对比学习。

4. 冬期施工开挖路堑表层冻土的方法

冬期施工开挖路堑表层冻土的方法 表 1B411010-13

方法	适用范围
爆破冻土法	当冰冻深度达 1m 以上时可用此法炸开冻土层
机械破冻法	1m 以下的冻土层可选用专用破冻机械,如冻土犁、冻土锯和冻土铲等
人工破冻法	当冰冻层较薄,破冻面积不大,可用日光暴晒法、火烧法、热水开冻法、水针开冻法、蒸汽放热解冻法和电热法等方法

 命题时告诉我们冰冻的情况,让我们选择采用哪种方法。

【考点7】路基改建施工（☆☆☆）[22年多选,20年案例]

1. 新路基填筑技术要点

 要注意"减少""降低""提高"这几个词。

新路基填筑技术要点 表 1B411010-14

项目		技术要点
地基处治	低路堤处治	铺设土工布或土工格栅,以加强路基的整体强度及板体作用,防止路基不均匀沉降而产生反射裂缝
	高路堤处治	拓宽可采取粉喷桩、砂桩、塑料排水体、碎石桩等处理措施,并配合填筑轻型石料
		不宜单独采用只适合于浅层处治以及路基填土较低等情况的换填砂石或加固土处治
新填路基	轻质填料路堤	采用粉煤灰、石灰的轻质填料填筑的路堤,降低新路的自重,减小路堤的压缩变形,提高新路堤的强度和刚度,减小路基在行车荷载作用下的塑性累积变形
	砂砾石填料	可大大减小路堤的压缩变形,提高承载力
	冲击补强	可以有效地提高压实度,降低工后沉降量

2. 新旧路基衔接的技术处理措施

清除杂物、翻晒、掺灰重新碾、硬肩始下挖。

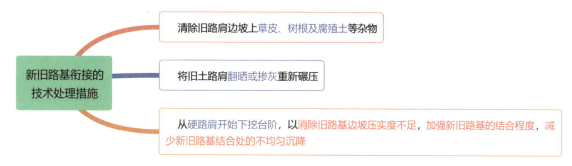

图 1B411010-24　新旧路基衔接的技术处理措施

【考点 8】特殊路基施工技术（☆☆☆☆☆）[13 年、15 年、16 年、18 年、19 年单选，13 年、15 年多选，13 年、20 年、22 年案例]

1. 软土地基处理方法的适用范围

软土地基处理方法的适用范围　　表 1B411010-15

处理方法	适用范围
垫层和浅层处理	适用于表层软土厚度小于 3m 的浅层软弱地基处理
爆炸挤淤	适用于处理海湾滩涂等淤泥和淤泥质土地基，处理厚度不宜大于 15m
竖向排水体	适用于深度大于 3m 的软土地基处理。用于对淤泥质土和淤泥地基进行处理时，宜与加载预压或真空预压方案联合使用
真空预压法	适用于对软土性质很差、土源紧缺、工期紧的软土地基
粒料桩	振冲置换法适用于处理十字板抗剪强度不小于 15kPa 的软土地基
	振动沉管法适用于处理十字板抗剪强度不小于 20kPa 的软土地基
加固土桩	适用于处理十字板抗剪强度不小于 10kPa、有机质含量不大于 10% 的软土地基
水泥粉煤灰碎石桩（CFG 桩）	适用于处理十字板抗剪强度不小于 20kPa 的软土地基
刚性桩	适用于处理深厚软土地基上荷载较大、变形要求较严格的高路堤段、桥头或通道与路堤衔接段
强夯法	适用于处理碎石土、低饱和度的粉土与黏性土、杂填土和软土等地基
强夯置换法	适用于处理高饱和度的粉土与软塑、流塑的软黏土地基，处理深度不宜大于 7m

 这是单项选择题的采分点，要对比软土厚度、抗剪强度。

2. 软土地基处理方法的具体施工方法

软土地基处理方法的具体施工方法　　　　表 1B411010-16

处理方法	具体施工方法
垫层	可分为碎石垫层、砂砾垫层、石屑垫层、矿渣垫层、粉煤灰垫层以及灰土垫层等
浅层处理	可采用浅层置换、浅层改良、抛石挤淤等方法
竖向排水体	采用袋装砂井和塑料排水板
粒料桩	可采用振冲置换法或振动沉管法成桩
加固土桩	包括粉喷桩与浆喷桩
水泥粉煤灰碎石桩（CFG桩）	宜采用振动沉管灌注法成桩，施工设备宜采用振动沉管打桩机
刚性桩	主要包括现浇混凝土大直径管桩与预制管桩

 这是多项选择题的采分点。

3. 垫层和浅层处理软土地基的施工规定

垫层和浅层处理软土地基的施工规定　　　　表 1B411010-17

处理方法	施工规定
砂砾、碎石垫层	宜采用级配好的中、粗砂，砂砾或碎石，含泥量应不大于5%，宜分层铺筑、压实
铺设土工合成材料	与土工合成材料直接接触的填料中不得含强酸性、强碱性物质
浅层置换	宜选用强度高的砂砾、碎石土等水稳性和透水性好的材料
浅层改良	对非饱和黏质土的软弱表层，可添加石灰、水泥等进行改良处置
抛石挤淤	应采用不易风化的片石、块石，石料粒径宜不小于300mm

 主要掌握材料的选择。

4. 袋装砂井与塑料排水板施工工艺程序

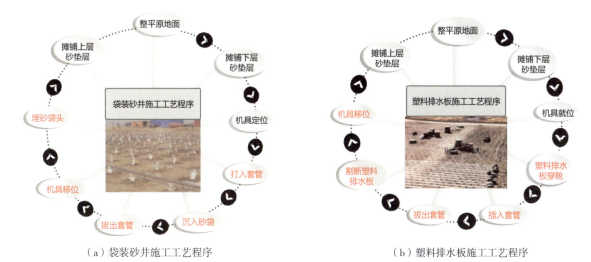

（a）袋装砂井施工工艺程序　　　　　　（b）塑料排水板施工工艺程序

图 1B411010-25　袋装砂井与塑料排水板施工工艺程序

（1）单项选择题给出袋装砂井、塑料排水板其中一个施工工艺，考核其紧前或紧后工序；
（2）实务操作和案例分析题中给出袋装砂井、塑料排水板施工工艺，然后分析判断正确的顺序。

5. 竖向排水体处理软土地基的施工规定

竖向排水体处理软土地基的施工规定　　　　表 1B411010-18

袋装砂井	塑料排水板
可采用沉管式打桩机施工	可采用沉管式打桩机施工，也可用插板机施工
宜采用圆形套管，套管内径宜略大于砂井直径	宜采用矩形套管，也可采用圆形套管
套管起拔时应垂直起吊，防止带出或损坏砂袋	防止泥土等杂物进入管内
砂袋在孔口外的长度不应小于300mm，应顺直伸入砂砾垫层	塑料排水板不得搭接，预留长度应不小于500mm，并及时弯折埋设于砂垫层中

对比学习相对好记忆一些。

6. 真空预压、真空堆载联合预压处理软土地基的施工规定

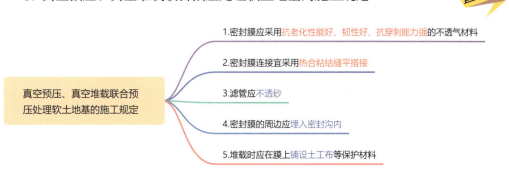

图 1B411010-26　真空预压、真空堆载联合预压处理软土地基的施工规定

该知识点的每一条有一个共性，那就是"应该"怎么做，在命题时会把"应该"改为"可以"或者"禁止"等，作为干扰选项。

7. 粒料桩处理软土地基的施工工序

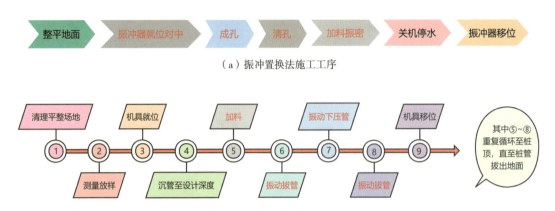

（a）振冲置换法施工工序

（b）重复压管成桩法施工工序

图 1B411010-27　粒料桩处理软土地基的施工工序

直击考点　这是2023年版考试用书新增加的内容，在实务操作和案例分析题中将其中的某几个工艺用符号代替，让考生写出具体名称。

8. 粒料桩处理软土地基的机械设备

图 1B411010-28　粒料桩处理软土地基的机械设备

　这是多项选择题的命题素材。

9. 粒料桩处理软土地基的施工规定

图 1B411010-29　粒料桩处理软土地基的施工规定

直击考点　注意含泥量的不同要求。

10. 加固土桩处理软土地基的施工规定

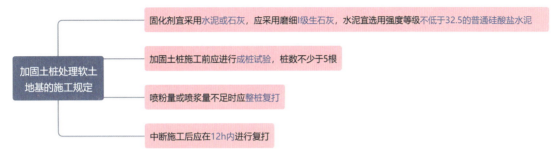

图 1B411010-30　加固土桩处理软土地基的施工规定

 如何选择材料是该知识点的主要采分点。

11. 水泥粉煤灰碎石桩（CFG桩）处理软土地基的施工规定

图 1B411010-31　水泥粉煤灰碎石桩（CFG桩）处理软土地基的施工规定

 集料、水泥、粉煤灰的选择是命题的采分点。

12. 碎石桩布置示意图

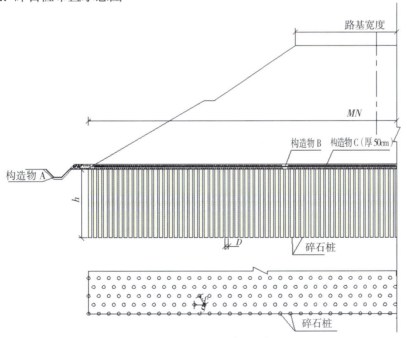

图 1B411010-32　碎石桩布置示意图

 这又是一个图形考点，图中构造物A是排水沟，构造物B是土工格栅，构造物C是级配碎石垫层（或级配碎石，或垫层，或碎石垫层）。

019

13. 预制管桩处理软土地基的施工规定

图 1B411010-33　预制管桩处理软土地基的施工规定

　该知识点很适合考核正误判断的选择题，也是实务操作和案例分析题的命题素材。

14. 软土地区路堤施工要求

图 1B411010-34　软土地区路堤施工要求

　该知识点是实务操作和案例分析题命题的很好的素材。

15. 膨胀土作为路基填料时的要求

图 1B411010-35　膨胀土作为路基填料时的要求

　考生要注意该知识点中的"不得""不宜""严禁"的用词。

16. 湿陷性黄土地基的处理方法

湿陷性黄土地基的处理方法　　　　表 1B411010-19

处理方法	要求
换填法	宜采用石灰土垫层或水泥土垫层，也可采用素土垫层。石灰土垫层宜采用磨细生石灰粉
冲击碾压法	应采用排压法进行冲压，过程中应对地基的沉降值、压实度进行检测
强夯法	同一强夯能级宜采用重锤、低落距的方式进行；与结构物安全距离不满足要求时应开挖隔震沟
挤密桩法	深度在12m之内宜采用沉管法成孔，超过12m可采用预钻孔法成孔；石灰土挤密桩不得采用生石灰
桩基础法	过程中应对桩位偏差、桩体质量、桩帽质量、土工格栅的原材料及铺设质量、垫层的质量进行检验

 用颜色标记的都是可以作为选项的内容。

17. 陷穴处理的方法与适用条件

陷穴处理的方法与适用条件　　　　表 1B411010-20

处理方法	回填夯实	明挖回填夯实	开挖导洞或竖井回填夯实	注浆或爆破回填	灌砂
适用条件	明陷穴	陷穴埋藏深度≤3m	3m＜陷穴埋藏深度≤6m	陷穴埋藏深度＞6m	陷穴埋藏深度≤3m，直径≤2m，洞身较直

 我们来看一个题目：适用于较大、较深地基陷穴的处理方法有（　　）。这个题目如果是单项选择题的话，我们就应该选"注浆或爆破回填"作为正确选项；如果是多项选择题的话，我们该怎么选择正确答案？应该选择适用条件大于3m的。

18. 滑坡地段路基的施工技术要点

滑坡地段路基的施工技术要点　　　　表 1B411010-21

方法	施工技术要点
截水、排水	滑坡体上的裂隙和裂缝应采取灌浆、开挖回填夯实等措施予以封闭
削坡减载	应自上而下逐级开挖，严禁采用爆破法施工。开挖坡面不得超挖，开挖面上有裂缝时应予灌浆封闭或开挖夯填
填筑反压	反压填料不得堵塞地下水出口，地下排水设施应在填筑反压前完成。反压填料宜予压实
抗滑支挡	抗滑桩与挡土墙共同支挡时，应先施作抗滑桩。挡土墙后有支撑渗沟及其他排水工程时应先施工

 该知识点的命题方式：关于滑坡地段路基施工技术要点的说法，正确的有（　　）。

1B411020 公路路基防护与支挡

【考点1】防护工程类型和适用条件（☆☆☆☆）[15年、17年、19年单选，22年案例]

1. 路基防护工程类型

路基防护工程类型　　　　　　　　　　　　　　　　　　　　　　　表1B411020-1

类型		施工技术
坡面防护	植物防护	种草、铺草皮、客土喷播、植生袋、三维植物网、植树等
	骨架植物防护	浆砌片石（或混凝土）骨架植草、水泥混凝土空心块护坡、锚杆混凝土框架植草
	圬工防护	喷浆、喷射混凝土、干砌片石护坡、浆砌片（卵）石护坡、浆砌片石护面墙、锚杆钢丝网喷浆或喷射混凝土护坡、封面、捶面
	土工织物防护	—
沿河路基防护	直接防护	植物、砌石、石笼、浸水挡土墙等
	间接防护	丁坝、顺坝等导流构造物以及改移河道

该知识点主要是分类，单项选择题和多项选择题都有可能考核。命题的题型有：（1）属于圬工防护的有（　　）；（2）不属于间接防护的是（　　）。

（a）浆砌片石　　　　　　　　（b）水泥混凝土空心块护坡　　　　　　（c）挂网式坡面防护

图1B411020-1　路基防护工程类型

2. 常用防护工程施工技术要点

常用防护工程施工技术要点　　　　　　　　　　　　　　　　　　　表1B411020-2

防护类型	施工技术要点
水泥混凝土骨架护坡	混凝土浇筑应从护脚开始，由下而上进行浇筑。浇筑过程中采用插入式振捣器振捣
坡面喷射混凝土护坡	混凝土喷射每层应自下而上进行。当混凝土厚度大于100mm时，宜分两次喷射。养护期宜不少于7d

防护类型	施工技术要点
浆砌片石护坡	宜在路堤沉降稳定后施工，所有石块均应坐于新拌砂浆之上。基底地质有变化处，应设沉降缝。伸缩缝与沉降缝可合并设置。砂浆初凝后，应立即进行养护。砂浆终凝前，砌体应覆盖
浆砌片石护面墙	护面墙背面应与路基坡面密贴，不得回填土石或干砌片石。护面墙基础修筑在不同岩层上时，应在变化处设置沉降缝。护面墙防滑坎应与墙身同步施工

 涉及施工技术的知识点很容易以正误判断的题目出现。

【考点2】支挡工程的类型和功能（☆☆☆）[13年单选，20年多选，21年案例]

1. 路基支挡工程的类型

路基支挡工程的类型　　　　　　　　　　　　　　表 1B411020-3

不同部位	类型
坡面防护加固	路基防护中均有加固作用
路基边坡支挡	护肩墙、护坡、护面墙、护脚墙、挡土墙
堤岸支挡	驳岸、浸水墙、石笼、抛石、护坡、支垛护脚
湿弱地基加固	碾压密实、排水固结、挤密、化学固结、换填土

 这又是一个分类的知识点，多以多项选择题的形式考核。

2. 常用路基挡土墙种类型的对比

 我们把考试用书的内容重新进行了整理，这样对比学习容易掌握。

常用路基挡土墙种类型的对比　　　　　　　　　　表 1B411020-4

类型	重力式挡土墙	加筋土挡土墙	锚杆挡土墙
如何稳定	依靠圬工墙体的自重抵抗墙后土体的侧向推力（土压力）	利用拉筋与土之间的摩擦作用	利用锚杆与地层间的锚固力
优点	形式简单、施工方便，可就地取材、适应性强	施工简便、快速，节省劳力和缩短工期	结构重量轻，节约大量的土圬工和节省工程投资；利于机械化、装配化施工，提高劳动生产率；克服不良地基开挖的困难，利于施工安全
缺点	墙身截面大，圬工数量也大，受承载力的限制，墙高不宜过高	适用范围受限	施工工艺要求较高，要有专用机械设备，耗用一定的钢材
适用范围	应用广泛，尤其是缺乏石料地区	一般应用于地形较为平坦且宽敞的填方路段上，在挖方路段或地形陡峭的山坡一般不宜使用	锚杆挡土墙适用于缺乏石料的地区和挖基困难的地段，一般用于岩质路堑路段，但其他具有锚固条件的路堑墙也可使用，还可应用于陡坡路堤。壁板式锚杆挡土墙多用于岩石边坡防护

3. 重力式挡土墙墙背形式及适用范围

重力式挡土墙墙背形式及适用范围　　　　表 1B411020-5

墙背形式	适用范围
仰斜墙背	适用于路堑墙及墙趾处地面平坦的路肩墙或路堤墙
俯斜墙背	适用于地面横坡陡峻时的路肩墙或路堤墙
垂直墙背	介于仰斜和俯斜墙背之间
凸折式墙背	多用于路堑墙，也可用于路肩墙
衡重式墙背	适用于山区地形陡峻处的路肩墙和路堤墙，也可用于路堑墙

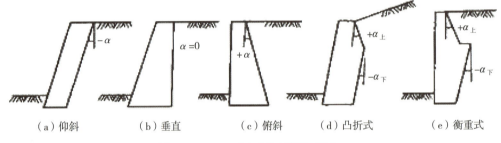

（a）仰斜　　（b）垂直　　（c）俯斜　　（d）凸折式　　（e）衡重式

图 1B411020-2　重力式挡土墙断面形式

 这是单项选择题的命题素材：（1）告诉墙背形式，选择适用范围；（2）告诉适用范围，选择墙背形式。

4. 片石混凝土挡土墙立面示意图

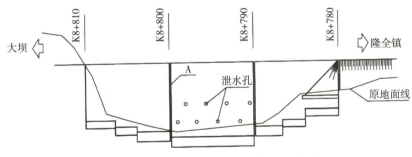

图 1B411020-3　片石混凝土挡土墙立面示意图

 在图上可以看出挡土墙位于路基左侧，因为立面图中从左到右里程是由大到小（或：当人站在挡土墙起点桩号 K8+780 向挡土墙终点桩号 K8+810 看时，挡墙位于人的左侧）。构造 A 为沉降缝与伸缩缝。

5. 片石混凝土挡土墙施工工艺流程

图 1B411020-4　片石混凝土挡土墙施工工艺流程

 关于施工工艺流程，每年都会考，前面已经介绍了如何命题。

6. 加筋土挡土墙墙身施工规定

图 1B411020-5　加筋土挡土墙墙身施工规定

 要注意这两个"不得"，往往会设置为干扰选项。

7. 柱板式锚杆挡土墙墙后的土压力传递顺序

图 1B411020-6　柱板式锚杆挡土墙墙后的土压力传递顺序

 可以考核单项选择题。

8. 抗滑桩施工技术要点

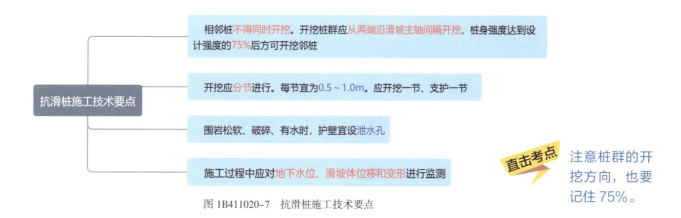

图 1B411020-7　抗滑桩施工技术要点

注意桩群的开挖方向，也要记住 75%。

1B411030 公路工程施工综合排水

【考点1】路基地下水排水设置与施工要求（☆☆☆）[21年单选]

1. 路基地下水排水设施的设置

路基地下水排水设施的设置　　　　　　　　　　　表 1B411030-1

排水设施	设置
暗沟、暗管	路基基底范围有泉水外涌时，宜设置暗沟（管）将水引排至路堤坡脚外或路堑边沟内
渗沟	有地下水出露的挖方路基、斜坡路堤、路基填挖交替地段，当地下水埋藏浅或无固定含水层时，为降低地下水位或拦截地下水，可在地面以下设置渗沟
渗井	宜用于地下含水层较多，但路基水量不大，且渗沟难以布置的地段，将地面水或地下水经渗井通过下透水层中的钻孔流入下层透水层中排除
仰斜式排水孔	当坡面有集中地下水时，可设置仰斜式排水孔

 可以这样来命题：某路堤的基底有1处直径8cm的泉眼，针对该水源应设置的排水设施是（　　）。正确的选项就是"暗沟、暗管"。

2. 渗沟的种类及其适用范围

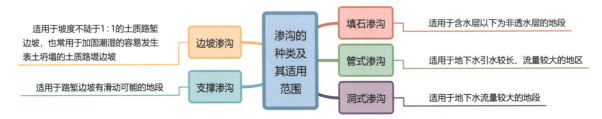

图 1B411030-1　渗沟的种类及其适用范围

 对比学习，容易掌握。

3. 渗沟的施工要求

图 1B411030-2　渗沟的施工要求

直击考点　该知识点很容易以多项选择题的形式来命题。

4. 渗井填充料的选择与施工要求

渗井填充料的选择与施工要求　　　　　表 1B411030-2

部位	填充料选择与施工要求	渗井结构图
不同区域	应采用单一粒径分层填筑	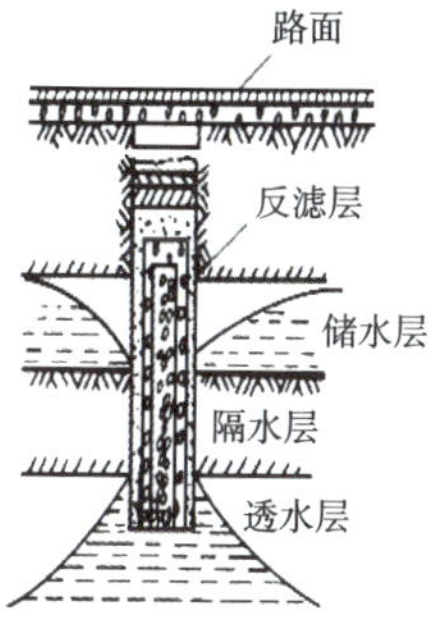 路面／反滤层／储水层／隔水层／透水层
透水层范围	宜填碎石或卵石	
不透水范围	宜填粗砂或砾石	
井壁与填充料之间	应设反滤层，填充料与反滤层应分层同步施工	
渗井顶部四周	应采用黏土填筑围护，并应加盖封闭	

 直击考点　对照渗井结构图来学习。

【考点2】路基地面水排水设置与施工要求（☆☆☆）[20年单选]

1. 路基地面水排水设施的设置

路基地面水排水设施的设置
- 挖方地段和填土高度小于边沟深度的填方地段均应设置边沟
- 路堤靠山一侧的坡脚应设置不渗水的边沟

图 1B411030-3　路基地面水排水设施的设置

 口助诀记　坡脚不渗水。

2. 路基地面水排水设施的施工要求

路基地面水排水设施的施工要求　　　　　表 1B411030-3

排水设施	施工要求
边沟	土质地段当沟底纵坡大于3%时应采取加固措施
截水沟	截水沟长度超过500m时应选择适当的地点设出水口，必要时须设置排水沟、跌水或急流槽。截水沟应先行施工，与其他排水设施衔接时应平顺
排水沟	排水沟线形应平顺，转弯处宜为弧线形。排水沟的出水口应设置跌水或急流槽
急流槽	急流槽应分节砌筑，接头处应采用防水材料填缝。混凝土预制块急流槽，分节接头应采用榫接
跌水	消力池的基底应采取防渗措施
蒸发池	底面与侧面应采取防渗措施。池底宜设0.5%的横坡。应远离村镇等人口密集区，四周应采用隔离栅进行围护，高度应不低于1.8m，并设置警示牌

027

我们看一个2020年的真题：路堑施工时，其路基地面排水设施包括边沟、截水沟、排水沟、急流槽、跌水等，一般应先施工的排水设施是（　　）。大家根据上面的内容确定是哪个设置，就是截水沟。

1B411040 公路工程施工测量技术

【考点1】公路工程施工测量工作要求（☆☆☆）[22年多选]

1. 平面控制测量的方法

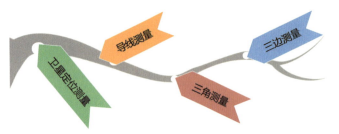

口助诀记　定三线、导三边

图 1B411040-1　平面控制测量的方法

2. 导线复测、水准点复测与加密规定

导线复测、水准点复测与加密规定　　　　表 1B411040-1

导线复测	水准点复测与加密
同一建设项目内相邻施工段的导线应闭合，并满足同等级精度要求	临时水准点应符合相应等级的精度要求，并与相邻水准点闭合
原有导线点不能满足施工需要时，应增设满足相应精度要求的附合导线点	同一建设项目应采用同一高程系统，并应与相邻项目高程系统相衔接
可能受施工影响的导线点，施工前应加固或改移，并应保持其精度	对可能受施工影响的水准点，施工前应加固或改移，并应保持其精度
导线桩点应进行不定期检查和定期复测，复测周期应不超过6个月	水准点应进行不定期检查和定期复测，复测周期应不超过6个月

 对比学习效果更佳。

【考点2】公路工程施工测量方法（☆☆☆）[17年单选]

1. 常用测量仪器及其作用

常用测量仪器及其作用　　　　　　　　　表 1B411040-2

仪器名称	图示	作用
水准仪		用于水准测量，测量高差与高程。 DS05 级和 DS1 级水准仪用于国家一、二等精密水准测量及地震监测。 DS3 级和 DS10 级水准仪用于国家三、四等水准测量以及一般工程水准测量。 公路工程测量中一般使用 DS3 级水准仪
经纬仪		进行角度测量的主要仪器，包括水平角测量和竖直角测量
全站仪		目前公路施工单位进行测量和放样的主要仪器。 功能是测量水平角、竖直角和斜距，借助软件，可计算并显示平距、高差以及镜站点的三维坐标，进行偏心测量、悬高测量、对边测量、面积计算等
卫星定位仪		GPS 用于隧道控制测量、特大桥控制测量及公路中线、边桩的施工放样，也可用于公路中线、边桩的施工放样

 我们看一个题目：可用于中线放样的仪器有（　　）。正确答案可以是全站仪、GPS 测量仪。

2. 中线放样方法

中线放样方法　　　　　　　　　表 1B411040-3

方法	设备
切线支距法	在没有全站仪的情况下，利用经纬仪和钢尺进行放样
偏角法	在没有全站仪的情况下，利用经纬仪和钢尺进行放样
坐标法放样	利用全站仪进行放样
GPS-RTK 技术放样	利用 GPS 测量仪进行放样

 主要注意区分前三个方法是采用的哪些设备。

3. 路基横断面边桩放样方法及适用范围

路基横断面边桩放样方法及适用范围　　　　　表 1B411040-4

方法	适用范围
图解法	一般用于较低等级的公路路基边桩放样
计算法	主要用于公路平坦地形或地面横坡较均匀一致地段的路基边桩放样
渐近法	适用于各级公路
坐标法	适用于高等级公路

路基横断面边桩放样方法中，放样精度由小到大的顺序：图解法＜计算法＜渐近法＜坐标法。

1B411050 路基工程质量通病及防治措施

【考点1】路基压实质量问题的防治（☆☆☆）[17年多选]

1. 路基行车带压实度不足的原因及防治措施

路基行车带压实度不足的原因及防治措施　　　　表 1B411050-1

项目	内容
原因分析	压实遍数不合理；压路机质量偏小；填土松铺厚度过大；碾压不均匀，局部漏压；含水量大于最佳含水量；没有对上一层表面浮土或松软层进行处治；异类土壤混填；填土颗粒过大，颗粒之间空隙过大，或采用不符合要求的填料
防治措施	清除碾压层下软弱层换填良性土壤后重新碾压；"弹簧"部位过湿土翻晒，拌合均匀后重新碾压（或挖除换填含水量适宜土壤后重新碾压）；有"弹簧"且急于赶工路段，可掺生石灰粉翻拌，含水量适宜后重新碾压

路基行车带压实度不足，就会出现局部"弹簧"现象，如果在考试时考核：出现局部"弹簧"现象的原因和防治措施，也应该回答以上的内容。

2. 路基边缘压实度不足的原因及防治措施

结合工作经验，理解记忆。原因分析和预防措施是一一对应的。

路基边缘压实度不足的原因及防治措施　　　　表 1B411050-2

原因分析	预防措施
路基填筑宽度不足，未按超宽填筑要求施工	路基施工应按设计的要求进行超宽填筑
压实机具碾压不到边	控制碾压工艺，保证机具碾压到边
路基边缘漏压或压实遍数不够	控制碾压顺序，确保轨迹重叠宽度和段落搭接超压长度
三轮压路机碾压时，边缘带碾压频率低于行车带	提高边缘带压实遍数，确保碾压频率高于或不低于行车带

【考点2】路堤边坡病害的防治（☆☆☆）

1. 路堤边坡的常见病害

图1B411050-1　路堤边坡的常见病害

 可以考核多项选择题。

2. 边坡滑坡病害的原因及防治措施

边坡滑坡病害的原因及防治措施　　表1B411050-3

原因分析	防治措施
设计对地震、洪水和水位变化影响考虑不充分	设计充分考虑地震、洪水和水位变化给路基稳定带来的影响
路基基底存在软土且厚度不均	软土处理要到位，及时发现暗沟、暗塘并妥善处治
换填土时清淤不彻底	清淤要彻底
填土速率过快；施工沉降观测、侧向位移观测不及时	酌情控制填土速率，加强沉降观测和侧向位移观测
路基填筑层有效宽度不够，边坡二期贴补	路基填筑过程中严格控制有效宽度
路基顶面排水不畅	加强地表水、地下水的排除，提高路基的水稳定性
用透水性较差的填料填筑路堤处理不当	用透水性较差的土填筑于路堤下层时，应做成4%的双向横坡
边坡植被不良	设置导流、防护设施
未处理好填挖交界面	应采用纵向水平分层法施工，沿纵坡分层，逐层填压密实
路基处于陡峭的斜坡面上	不应覆盖在由透水性较好的土所填筑的路堤边坡

 原因分析和预防措施对应地学习。

【考点3】路基开裂病害的防治（☆☆☆☆）[22年单选，21年多选，20年案例]

1. 路基纵向开裂甚至形成错台的原因及防治措施

路基纵向开裂甚至形成错台的原因及防治措施　　　　　　　　表 1B411050-4

原因分析	防治措施
清表不彻底，路基基底存在软弱层或坐落于古河道处	彻底清表，及时发现路基基底暗沟、暗塘，消除软弱层
沟、塘清淤不彻底，回填不均匀或压实度不足	彻底清除沟、塘淤泥，选用水稳性好的材料严格分层回填
路基压实不均	提高填筑层压实均匀度
旧路利用路段，新旧路基结合部未挖台阶或台阶宽度不足	遇有软弱层或古河道，填土路基完工后应进行超载预压
半填半挖路段未按规范要求设置台阶并压实	将半填半挖路段地面挖成宽度不小于1.0m的台阶并压实
使用渗水性、水稳性差异较大的土石混合料时，错误地采用了纵向分幅填筑	渗水性、水稳性差异较大的土石混合料应分层或分段填筑，不宜纵向分幅填筑
高速公路因边坡过陡、行车渠化、交通频繁振动而产生	严格控制路基边坡，杜绝亏坡现象

 相对于前面几个质量通病分原因分析和防治措施而言，这个知识点要重要一些。

2. 路基横向裂缝的原因及防治措施

路基横向裂缝的原因及防治措施　　　　　　　　表 1B411050-5

原因分析	防治措施
路基填料直接使用了液限大于50、塑性指数大于26的土	填料禁止直接使用液限大于50、塑性指数大于26的土
同一填筑层路基填料混杂，塑性指数相差悬殊	不同种类的土应分层填筑，同一填筑层不得混用
填筑顺序不当，路基顶下层平整度填筑层厚度相差悬殊，且最小压实厚度小于8cm	严格控制路基每一填筑层的含水率、标高、平整度，确保路基顶填筑层压实厚度不小于8cm
排水措施不力	路基顶填筑层分段作业施工

 这个知识点与路基纵向开裂的原因及防治措施同样重要。

3. 路基网裂的原因及防治措施

路基网裂的原因及防治措施　　　　表 1B411050-6

原因分析	防治措施
土的塑性指数偏高或为膨胀土	采用合格的填料，或采取掺加石灰、水泥改性处理措施
路基碾压时土含水率偏大，且成型后未能及时覆土	选塑性指数符合要求的土，控制填土最佳含水率时碾压
路基压实后养护不到位，表面失水过多	加强养护，避免表面水分过分损失
路基下层土过湿	采取换填土或掺加生石灰粉

（a）路基纵向开裂

（b）路基横向裂缝

（c）路基网裂

主要是水的问题。

图 1B411050-2　路基网裂的原因及防治措施

1B412000 路面工程

1B412010 路面基层（底基层）施工技术

【考点1】路面基层（底基层）用料要求（☆☆☆）[16年、21年多选]

1. 路面粒料基层原材料的技术要求

有关材料方面的知识点很容易以单项选择题的形式考核。

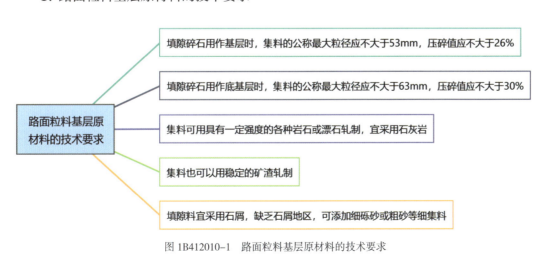

图 1B412010-1　路面粒料基层原材料的技术要求

033

2. 路面无机结合料稳定基层原材料的技术要求

路面无机结合料稳定基层原材料的技术要求　　　　表 1B412010-1

材料	技术要求
水泥	强度等级为 32.5 或 42.5，可使用普通硅酸盐水泥，初凝时间应大于 3h，终凝时间应大于 6h 且小于 10h
外加剂	掺加缓凝剂或早强剂应对混合料进行试验验证
石灰	高速公路和一级公路的基层，宜采用磨细消石灰
石灰	二级以下公路使用等外石灰时，有效氧化钙含量应在 20% 以上
粉煤灰等工业废渣	干排或湿排的硅铝粉煤灰和高钙粉煤灰等均可用作基层或底基层的结合料
粉煤灰等工业废渣	煤矸石、煤渣、高炉矿渣、钢渣及其他冶金矿渣等工业废渣可用于修筑基层或底基层，使用前宜通过不同龄期条件下的强度和模量试验以及温度收缩和干湿收缩试验等评价混合料性能
粉煤灰等工业废渣	水泥稳定煤矸石不宜用于高速公路和一级公路
水	饮用水可直接作为基层、底基层材料拌合与养护用水。养护用水可不检验不溶物含量
粗集料	用作被稳定材料的粗集料宜采用各种硬质岩石或砾石加工成的碎石，也可直接采用天然砾石
粗集料	高速公路和一级公路极重、特重交通荷载等级基层的 4.75mm 以上粗集料应采用单一粒径的规格料
粗集料	高速公路基层用碎石，应采用反击破碎的加工工艺
粗集料	用作级配碎石或砾石的粗集料应采用具有一定级配的硬质石料，且不应含有黏土块、有机物等
粗集料	级配碎石或砾石用作基层时，高速公路和一级公路公称最大粒径应不大于 26.5mm，二级及二级以下公路公称最大粒径应不大于 31.5mm；用作底基层时，公称最大粒径应不大于 37.5mm
细集料	细集料应洁净、干燥、无风化、无杂质，并有适当的颗粒级配
细集料	高速公路和一级公路，细集料中小于 0.075mm 的颗粒含量应不大于 15%；二级及二级以下公路，细集料中小于 0.075mm 的颗粒含量应不大于 20%
细集料	级配碎石或砾石中的细集料可使用细筛余料，或专门轧制的细碎石集料

 该知识点的内容相对多了一些，这里的一些数值是需要理解和掌握的。

3. 路面材料分档与掺配

图 1B412010-2 路面材料分档与掺配

 该知识点不是很重要，了解。

4. 无机结合料稳定材料设计流程

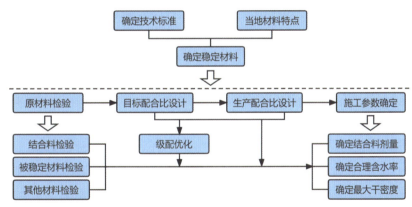

图 1B412010-3 无机结合料稳定材料设计流程

5. 混合料组成设计

 这是多项选择题特别好的命题素材。

混合料组成设计　　　　　　　　表 1B412010-2

目标配合比设计的技术内容	生产配合比设计的技术内容	施工参数确定的技术内容
1. 选择级配范围	1. 确定料仓供料比例	1. 确定施工中结合料的剂量
2. 确定结合料类型及掺配比例	2. 确定水泥稳定材料的容许延迟时间	2. 确定施工合理含水率及最大干密度
3. 验证混合料相关的设计及施工技术指标	3. 确定结合料剂量的标定曲线	3. 验证混合料强度技术指标
—	4. 确定混合料的最佳含水率、最大干密度	—

【考点2】路面粒料基层（底基层）施工（☆☆☆）[16年单选，22年多选]

1. 路面粒料分类

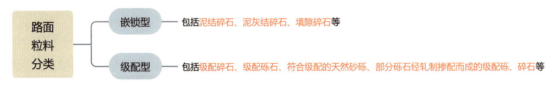

图 1B412010-4　路面粒料分类

 举例说明命题的题型：下列基层中，属于（不属于）嵌锁型粒料基层的是（　　）。

2. 路面粒料类的适用范围

路面粒料类的适用范围　　　　　　　　　　　　　表 1B412010-3

粒料	适用范围
级配碎石	可用于各级公路的基层和底基层
	可用做较薄沥青面层与半刚性基层之间的中间层
级配砾石	可适用于轻交通的二级和二级以下公路的基层以及各级公路的底基层
级配碎砾石	
符合级配、塑性指数等技术要求的天然砂砾	
填隙碎石	可用于各等级公路的底基层和二级以下公路的基层

 有关适用范围的知识点一般情况下是以单项选择题的形式考核，比如：可用于各级公路基层和底基层的粒料是（　　）。

3. 干法施工填隙碎石基层的规定

干法施工填隙碎石基层的规定　　　　　　　　　　表 1B412010-4

工艺流程	施工	要求
初压	宜用两轮压路机碾压3~4遍	表面应平整，并具有规定的路拱和纵坡
撒布填隙料	采用石屑撒布机均匀地撒铺在已压稳的骨料层上	松铺厚度宜为25~30mm，必要时，可用人工或机械扫匀
复压	采用振动压路机慢速碾压，可采用重型振动板。路面两侧宜多压2~3遍	将全部填隙料振入集料间的空隙中
再次撒布填隙料	采用石屑撒布机均匀地撒铺	松铺厚度宜为20~25mm，人工或机械扫匀

续表

工艺流程	施工	要求
再次振动碾压	同"复压"	
找补后碾压	对局部填隙料不足之处进行人工找补，并用振动压路机继续碾压	直到全部空隙被填满，应将局部多余的填隙料扫除
洒水	在碾压之前，宜在表面洒少量水	洒水量宜不少于 $3kg/m^2$
终压	用重型压路机碾压 1～2 遍	不应有任何蠕动现象

 命题的采分点有：（1）选择施工机械；（2）判断施工过程的做法正确与否。

4. 湿法施工填隙碎石垫层工艺流程

图 1B412010-5　湿法施工填隙碎石垫层工艺流程

 该工艺流程中，步骤 A 所对应的工艺流程名称为：洒水饱和；步骤 B 所对应的工艺流程名称为：干燥。与干法施工填隙碎石基层工艺流程的不同之处就是步骤 A 和步骤 B。

【考点 3】路面沥青稳定基层（底基层）施工（☆☆☆☆☆）[15 年、17 年、19 年、22 年单选，21 年多选]

1. 沥青稳定类基层（底基层）分类及适用范围

沥青稳定类基层（底基层）分类及适用范围　　　表 1B412010-5

分类	适用范围
热拌沥青碎石	宜用于中等交通及其以上的公路基层、底基层，可用于改建工程的调平层
贯入式沥青碎石	宜用于中、重交通的公路基层或底基层，可用于改建工程的调平层
乳化沥青碎石混合料	可用于各级公路基层、底基层

 沥青稳定基层（底基层）属于柔性基层（底基层），可用于各级公路。热拌沥青碎石基层的配合比设计应采用马歇尔试验设计方法。

2. 热拌沥青碎石基层施工

热拌沥青碎石基层施工　　　　表 1B412010-6

施工技术	要求
拌制	必须在沥青拌合场拌制，可采用间歇式拌合机或连续式拌合机拌制
运输	应采用较大吨位的自卸汽车运输，车厢侧板和底板可涂一薄层油水混合料，防止粘结，运料车应用篷布覆盖，用以保温、防雨、防污染
摊铺	热拌沥青混合料应采用机械摊铺。不应用人工反复修整
	摊铺温度应根据沥青标号、黏度、气温、摊铺层厚度选用
压实及成型	压实宜采用钢筒式静态压路机与轮胎压路机或振动压路机组合的方式
	初压应在混合料摊铺后较高温度下进行，应采用轻型钢筒式压路机或关闭振动装置的振动压路机碾压2遍。压路机应从外侧向中心碾压。相邻碾压带应重叠1/3~1/2轮宽，最后碾压路中心部分，压完全幅为一遍
	复压应紧接在初压后进行，复压宜采用重型的轮胎压路机，也可采用振动压路机或钢筒式压路机。碾压遍数应经试压确定，不宜少于4~6遍，达到要求的压实度，并无显著轮迹
	终压应紧接在复压后进行。终压可选用双轮钢筒式压路机或关闭振动压路机碾压，不宜少于两遍，并无轮迹
接缝	纵向接缝部分的施工，摊铺时采用梯队作业的纵缝应采用热接缝
	半幅施工不能采用热接缝时，宜加设挡板或采用切刀切齐

 初压、复压、终压的规定是很重要的采分点，一般以判断正误的题目考核。

3. 贯入式沥青碎石基层的施工步骤

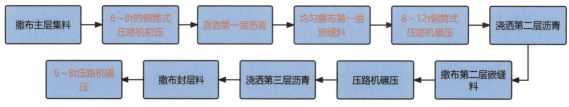

图 1B412010-6　贯入式沥青碎石基层的施工步骤

 这是很完整的施工步骤，在考试时也可以选出几个步骤，然后让我们进行排序。

4. 热拌沥青碎石、贯入式沥青碎石、乳化沥青碎石基层的压实施工对比

热拌沥青碎石、贯入式沥青碎石、乳化沥青碎石基层的压实施工对比　　表 1B412010-7

基层	热拌沥青碎石基层	贯入式沥青碎石基层	乳化沥青碎石基层
初压	混合料摊铺后较高温度下进行	主层集料撒布后进行	混合料摊铺后进行
	应采用轻型钢筒式压路机或关闭振动装置的振动压路机碾压	宜采用 8～12t 钢筒式压路机碾压	应采用 6t 左右的轻型压路机初压
	碾压 2 遍	宜碾压 6～8 遍	宜碾压 1～2 遍
	重叠 1/3~1/2 轮宽	轮迹重叠 1/2 左右	应匀速进退
复压	应紧接在初压后进行	嵌缝料扫匀后进行	混合料初步稳定进行
	宜采用重型的轮胎压路机，也可采用振动压路机或钢筒式压路机	8～12t 钢筒压路机碾压	用 12～15t 轮胎压路机或 10～12t 钢筒式压路机复压
	不宜少于 4～6 遍	宜碾压 4～6 遍	复压 2～3 遍
	无显著轮迹	轮迹重叠 1/2 左右	—
终压	应紧接在复压后进行	撒布封层料后进行	水分蒸发后，再补充复压至密实为止
	可选用双轮钢筒式压路机或关闭振动压路机碾压	宜采用 6～8t 压路机碾压	—
	不宜少于 2 遍	宜碾压 2～4 遍	—
	无轮迹	—	—

 直击考点　把这 3 种基层材料对比后就好记忆了。

【考点 4】路面无机结合料稳定基层（底基层）施工（☆☆☆☆）[20 年单选, 18 年多选, 21 年、22 年案例]

1. 无机结合料稳定类（半刚性类型）基层分类

无机结合料稳定类（半刚性类型）基层分类　　表 1B412010-8

结合料	类型
水泥稳定土	包括水泥稳定级配碎石、未筛分碎石、砂砾、碎石土、砂砾土、煤矸石、各种粒状矿渣等

039

续表

结合料	类型
石灰稳定土	包括石灰稳定级配碎石、未筛分碎石、砂砾、碎石土、砂砾土、煤矸石、各种粒状矿渣等
石灰工业废渣稳定土	除粉煤灰外，可利用的工业废渣包括煤渣、高炉矿渣、钢渣（已经过崩解达到稳定）及其他冶金矿渣、煤矸石等

 要理解石灰工业废渣稳定土可利用的材料。

（a）水泥稳定土基层　　　　　　　　（b）石灰稳定土基层

图 1B412010-7　无机结合料稳定类（半刚性类型）基层

2. 无机结合料稳定类（半刚性类型）基层适用范围

无机结合料稳定类（半刚性类型）基层适用范围　　　表 1B412010-9

结合料	适用范围
水泥稳定集料类	适用于各级公路的基层、底基层
石灰粉煤灰稳定集料类	冰冻地区、多雨潮湿地区，宜用于高速公路、一级公路的下基层或底基层
石灰稳定类	宜用于各级公路底基层以及三、四级公路的基层

 如果题目是这样的：适用于各级公路的底基层的是（　　）。正确答案是这三种都选择。大家还应该结合分类来学习，选项也可能从类型里选择。

3. 混合料骨架的选择

 这是单项选择题的采分点。

混合料骨架的选择　　　表 1B412010-10

骨架密实型混合料	悬浮密实型骨架混合料	均匀密实型混合料
高速公路、一级公路的基层或上基层宜选用	二级及二级以下公路的基层和各级公路底基层可采用	适用于高速公路、一级公路的底基层，二级及二级以下公路的基层

4. 合理确定稳定类混合料每日施工作业段长度宜考虑的因素

图 1B412010-8　合理确定稳定类混合料每日施工作业段长度宜考虑的因素

 这是多项选择题的采分点，在实务操作和案例分析题中，可能给出其中几个因素，让我们补充其他因素。

5. 无机混合料施工工艺选择

无机混合料施工工艺选择　　　　　　　表 1B412010-11

材料类型	公路等级	结构层位	拌合工艺 推荐	拌合工艺 可选择	摊铺工艺 推荐	摊铺工艺 可选择
无机结合料稳定中、粗粒材料	二级及二级以上	基层	集中厂拌	—	摊铺机摊铺	—
无机结合料稳定细粒材料	二级及二级以上	底基层	集中厂拌	—	摊铺机摊铺	推土机摊铺，平地机整平
水泥稳定材料	二级以下	基层和底基层	集中厂拌	—	摊铺机摊铺	
其他各种无机结合料稳定材料	二级以下	基层和底基层	集中厂拌	人工路拌	摊铺机摊铺	推土机摊铺，平地机整平
级配碎石	二级及二级以上	基层和底基层	集中厂拌	—	摊铺机摊铺	—
级配碎石	二级以下	基层和底基层	集中厂拌	人工路拌	摊铺机摊铺	推土机摊铺，平地机整平

 根据材料类型、公路等级和结构层位来选择拌合工艺和摊铺工艺。

6. 无机混合料集中厂拌与运输要求

图 1B412010-9　无机混合料集中厂拌与运输要求

 该知识点重点挑选了考试用书中可能会作为命题采分点的内容。

7. 无机混合料基层路拌法施工工艺流程

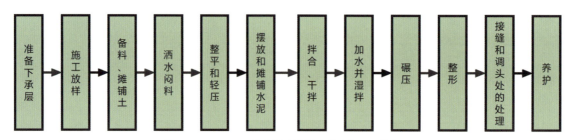

图 1B412010-10　无机混合料基层路拌法施工工艺流程

 该流程图中有错误，读者找一下。错误之处是整形和碾压顺序颠倒，整形应在碾压之前。该基层施工需配备的机械设备有：稳定土拌合机、装卸机、运输车、多铧犁、压路机、平地机、推土机、洒水车。

8. 厂拌二灰稳定碎石基层施工工艺流程

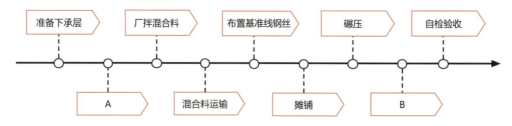

图 1B412010-11　厂拌二灰稳定碎石基层施工工艺流程

 该流程图中有缺项，需要我们补充。方框 A 内的工序是施工放样，方框 B 内的工序是养护。

9. 无机混合料人工拌合

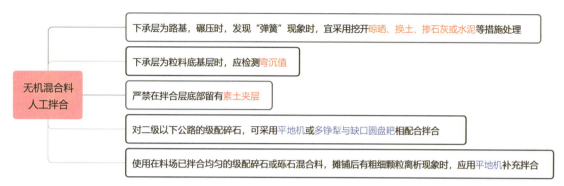

图 1B412010-12　无机混合料人工拌合

 该知识点重点挑选了考试用书中可能会作为命题采分点的内容。

10. 无机混合料摊铺机摊铺与碾压要求

图 1B412010-13　无机混合料摊铺机摊铺与碾压要求

 该知识点重点挑选了考试用书中可能会作为命题采分点的内容。

11. 碾压贫混凝土等强度较高的基层材料成型后采用预切缝措施的规定

| 预切缝的间距宜为8～15m | 宜在养护的3～5d内切缝 | 切缝深度宜为基层厚度的1/2～1/3，切缝宽度约5mm | 切缝后应及时清理缝隙，并用热沥青填满 |

图 1B412010-14　碾压贫混凝土等强度较高的基层材料成型后采用预切缝措施的规定

 又一个多项选择题的命题素材，要注意选项中数值的错误设置。

12. 无机混合料人工摊铺与碾压要求

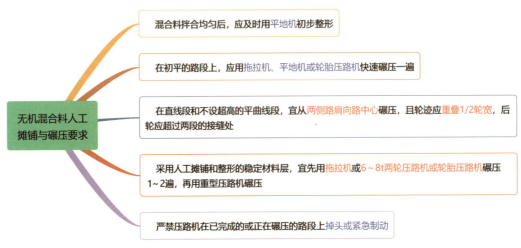

图1B412010-15 无机混合料人工摊铺与碾压要求

直击考点 该知识点重点挑选了考试用书中可能会作为命题采分点的内容。

13. 无机结合料基层（底基层）养护方式及要求

无机结合料基层（底基层）养护方式及要求　　表 1B412010-12

养护方式	要求
洒水养护	稳定材料层表面应始终保持湿润。高温期施工，宜上、下午各洒水2次
薄膜覆盖养护	养护至上层结构层施工前1~2d，方可将薄膜掀开
土工布养护	养护至上层结构层施工前1~2d，方可将土工布掀开
铺设湿砂养护	养护期间保持砂的潮湿状态，不得用湿黏性土覆盖
草帘覆盖养护	高温期施工，上、下午宜各洒水一次，每次洒水应将草帘浸湿
洒铺乳化沥青养护	表面干燥时，宜先喷洒少量水，再喷洒沥青乳液

直击考点 养护主要是需要保湿。

14. 无机结合料基层（底基层）收缩裂缝的处理措施

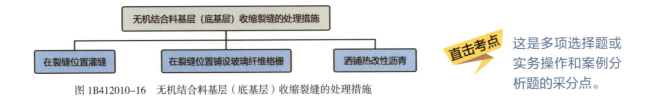

图1B412010-16 无机结合料基层（底基层）收缩裂缝的处理措施

直击考点 这是多项选择题或实务操作和案例分析题的采分点。

1B412020 沥青路面施工技术

【考点1】沥青路面结构及类型（☆☆☆☆☆）[17年、20年、22年单选，13年、20年多选，20年案例]

1. 沥青路面结构组成及其作用

沥青路面结构组成及其作用　　　　　　表 1B412020-1

结构组成	作用
面层	是直接承受车轮荷载反复作用和自然因素影响的结构层
基层	与面层一起将车轮荷载的反复作用传布到底基层、垫层、土基，起主要承重作用的层次
底基层	与面层、基层一起承受车轮荷载反复作用，起次要承重作用的层次
垫层	起排水、隔水、防冻、防污等作用

 垫层的作用是很容易考核的内容。

2. 沥青路面按技术品质和使用情况的分类

沥青路面按技术品质和使用情况的分类　　　　　　表 1B412020-2

类型	沥青混凝土路面	沥青碎石路面	沥青贯入式	沥青表面处治
材料	集料、矿粉和沥青	沥青碎石	沥青贯入碎（砾）石	沥青和集料
特点及作用	采用相当数量的矿粉是沥青混凝土的一个显著特点	—	强度与稳定性主要由石料相互嵌挤作用构成	主要是对非沥青承重层起保护和防磨耗作用
优点	透水性小，水稳性好，耐久性高，有较强的抵抗自然因素的能力	高温稳定性好，沥青用量少，且不用矿粉，造价低，但其孔隙较大，路面容易渗水和老化	温度稳定性好	—
适用范围	适用于各级公路面层	适宜用于三、四级公路。中粒式、粗粒式沥青碎石宜用作沥青混凝土面层下层、联结层或整平层	适用于三、四级公路，也可作为沥青混凝土面层的联结层	一般用于三、四级公路，也可用作沥青路面的磨耗层、防滑层

 适用范围是比较容易考核的知识点。

（a）沥青混凝土路面

（b）沥青碎石路面

图 1B412020-1　沥青路面

3. 沥青混凝土路面结构示意图

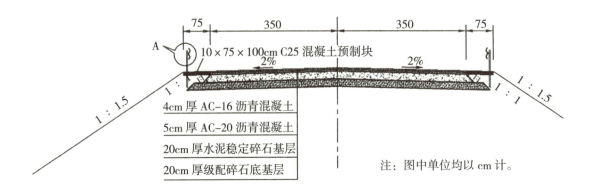

图 1B412020-2　沥青混凝土路面结构示意图

 在实务操作和案例分析题中，经常会给一个结构示意图，让考生根据结构示意图回答一些问题。

4. 沥青路面按组成结构的分类

沥青路面按组成结构的分类　　　　　表 1B412020-3

类型	密实—悬浮结构	骨架—空隙结构	密实—骨架结构
典型代表	AC-Ⅰ型沥青混凝土	沥青碎石混合料（AM）和排水沥青混合料（OGFC）	沥青玛琋脂碎石混合料（SMA）

 这个内容很适合考核单项选择题。

5. 沥青路面按矿料级配的分类

沥青路面按矿料级配的分类　　　　　表 1B412020-4

类型	密级配	半开级配	开级配	间断级配
典型代表	沥青混凝土、沥青稳定碎石	改性沥青稳定碎石（AM）	排水式沥青磨耗层混合料（OGFC）	沥青玛琋脂碎石混合料（SMA）

 与上一个分类对比一下。

【考点2】沥青路面用料要求（☆☆☆）[19年单选，21年案例]

1. 道路石油沥青的适用范围

道路石油沥青的适用范围　　表 1B412020-5

沥青等级	适用范围
A 级沥青	各个等级的公路，适用于任何场合和层次
B 级沥青	（1）高速公路、一级公路沥青下面层及以下层次，二级及二级以下公路的各个层次； （2）用作改性沥青、乳化沥青、改性乳化沥青、稀释沥青的基质沥青
C 级沥青	三级及三级以下公路的各个层次

 要注意适用哪级公路的哪个场合和层次。

2. 高速公路、一级公路沥青混凝土路面施工时沥青的选用原则

高速公路、一级公路沥青混凝土路面施工时沥青的选用原则　　表 1B412020-6

路段	选用原则
夏季重载交通、山区及丘陵区上坡路段、服务区、停车场等	宜采用稠度大、黏度大的沥青
冬季寒冷的地区或交通量小的公路、旅游公路	宜选用稠度小、低温延度大的沥青
对温度日温差、年温差大的地区	宜注意选用针入度指数大的沥青
当缺乏所需标号的沥青时	可采用不同标号掺配的调合沥青

 施工季节温度不同，选择不同的沥青。

3. 两种沥青的适用范围

两种沥青的适用范围　　表 1B412020-7

类型	适用范围
乳化石油沥青	适用于沥青表面处治、沥青贯入路面、冷拌沥青混合料路面，修补裂缝，喷洒透层、粘层与封层等
	阳离子乳化沥青可适用于各种集料品种，阴离子乳化沥青适用于碱性石料
液体石油沥青	适用于透层、粘层及拌制冷拌沥青混合料

 对比记忆这两种沥青的适用范围。

4. 几种沥青的相关知识点

几种沥青的相关知识点　　　　　表 1B412020-8

类型	内容
道路石油沥青	沥青标号宜按照公路等级、气候条件、交通条件、路面类型及在结构层中的层位及受力特点、施工方法等，结合当地的使用经验，经技术论证后确定
乳化石油沥青	根据集料品种及使用条件选择类型
液体石油沥青	宜采用针入度较大的石油沥青
改性石油沥青	宜在固定式工厂或在现场设厂集中制作

 这是整理了考试用书中可能会考核到的知识点。

5. 沥青路面的粗集料与细集料

沥青路面的粗集料与细集料　　　　　表 1B412020-9

项目	粗集料	细集料
种类	包括碎石、破碎砾石、筛选砾石、钢渣、矿渣等	可采用天然砂、机制砂、石屑
禁止	高速公路和一级公路不得使用筛选砾石和矿渣	—
生产	必须由具有生产许可证的采石场生产或施工单位自行加工	必须由具有生产许可证的采石场、采砂场生产
要求	应洁净、干燥、表面粗糙	应洁净、干燥、无风化、无杂质，并有适当的颗粒级配
	生产碎石用的原石不得含有土块、杂物，集料成品不得堆放在泥土地上	天然砂可采用河砂或海砂，通常宜采用粗、中砂，SMA 和 OGFC 混合料不宜使用天然砂
	破碎砾石应采用粒径大于 50mm、含泥量不大于 1% 的砾石轧制	石屑是采石场破碎石料时通过 4.75mm 或 2.36mm 的筛下部分
	筛选砾石仅适用于三级及三级以下公路的沥青表面处治路面	机制砂宜采用专用的制砂机制造，并选用优质石料生产
	经过破碎且存放期超过 6 个月以上的钢渣可作为粗集料使用	—

 对于种类来说，是很好的多项选择题的素材；其他内容可能会以判断正误的题型考核。

6. 沥青路面的填料与纤维稳定剂

沥青路面的填料与纤维稳定剂　　　表 1B412020-10

项目	填料	纤维稳定剂
种类	包括矿粉、粉煤灰	宜选用木质素纤维、矿物纤维等
要求	矿粉必须采用石灰岩或岩浆岩中的强基性岩石等憎水性石料经磨细得到	矿物纤维宜采用玄武岩等矿石制造
	高速公路、一级公路的沥青面层不宜采用粉煤灰做填料	用于 SMA 路面的木质素纤维不宜低于 0.3%，矿物纤维不宜低于 0.4%

直击考点　主要掌握种类。

【考点 3】沥青路面面层施工（☆☆☆）[21 年单选]

1. 热拌沥青混凝土路面施工工艺流程图

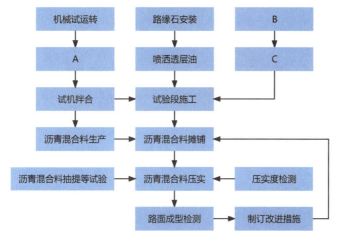

图 1B412020-3　热拌沥青混凝土路面施工工艺流程图

直击考点

大家看一下流程图，图里有 A、B、C，这就是流程图的其中一种考核方法。工艺 A 的名称：配合比调试，工艺 B 的名称：沥青混凝土配合比，工艺 C 的名称：批准配合比。

2. 沥青路面面层混合料的摊铺

- ◆ 底、中、面层采用走线法施工，表面层采用平衡梁法施工。
- ◆ 一般正常施工控制在不低于 110～130℃，不超过 165℃。
- ◆ 开铺前将摊铺机的熨平板进行加热至不低于 100℃。
- ◆ 采用双机或三机梯进式施工时，相邻两机的间距控制在 10～20m。两幅应有 5～10cm 宽度的重叠。
- ◆ 在摊铺过程中，出现离析、边角缺料等现象时人工及时补撒料，换补料。
- ◆ 在摊铺过程中随时检查高程及摊铺厚度，并及时通知操作手。
- ◆ 摊铺机无法作业的地方，在监理工程师同意后采取人工摊铺施工。

直击考点

很容易考核判断正误的题目。

3. 沥青路面面层混合料的压实

```
                  ┌─ 初压：采用双轮双振压路机静压1～2遍，正常施工情况下，温度应不低于110℃并紧跟摊铺机进行
                  │
                  ├─ 复压：采用胶轮压路机和双轮双振压路机振压等综合碾压4～6遍，碾压温度多控制在80～100℃
                  │
                  ├─ 终压：采用双轮双振压路机静压1～2遍，碾压温度应不低于65℃
                  │
  沥青路面面层      ├─ 边角部分压路机碾压不到的位置，使用小型振动压路机碾压
  混合料的压实      │
                  ├─ 碾压顺纵向由低边向高边匀速进行，相邻碾压重叠宽度大于30cm
                  │
                  ├─ 采用雾状喷水法，以保证沥青混合料碾压过程中不粘轮
                  │
                  ├─ 压路机不准停留在已完成但温度尚未冷却至自然气温以下的路面上
                  │
                  └─ 碾压进行中压路机不得中途停留、转向或制动
```

图 1B412020-4 沥青路面面层混合料的压实

直击考点 注意初压、复压、终压的压路机选择、压实遍数和温度控制。

（a）双轮双振压路机

（b）胶轮压路机

图 1B412020-5 压路机

【考点4】沥青路面透层、粘层、封层施工（☆☆☆）[19年单选，15年多选]

1. 沥青路面透层、粘层、封层的作用

沥青路面透层、粘层、封层的作用　　　　　　　　　表 1B412020-11

透层	粘层	封层
为使沥青面层与基层结合良好，在基层上浇洒乳化沥青、煤沥青或液体沥青而形成的透入基层表面的薄层	使上下层沥青结构层或沥青结构层与结构物（或水泥混凝土路面）完全粘结成一个整体	一是封闭某一层起着保水防水作用； 二是起基层与沥青表面层之间的过渡和有效联结作用； 三是路的某一层表面破坏离析松散处的加固补强； 四是基层在沥青面层铺筑前，要临时开放交通，防止基层因天气或车辆作用出现水毁

直击考点 对比学习。

（a）透层施工　　　　　　　（b）粘层施工　　　　　　　（c）封层施工

图 1B412020-6　沥青路面透层、粘层、封层

2. 沥青路面透层、粘层、封层适用条件

沥青路面透层、粘层、封层适用条件　　　　表 1B412020-12

透层	粘层	封层
沥青路面各类基层都**必须喷洒透层油**，沥青层必须在透层油完全渗透入基层后方可铺筑。基层上设置下封层时，透层油不宜省略	符合下列情况，**必须喷洒粘层沥青**： （1）双层式或三层式热拌热铺沥青混合料路面的沥青层之间； （2）水泥混凝土路面、沥青稳定碎石基层或旧沥青路面层上加铺沥青层； （3）路缘石、雨水进水口、检查井等构造物与新铺沥青混合料接触的侧面	适用于**加铺薄层罩面、磨耗层**、水泥混凝土路面上的**应力缓冲层**、各种**防水和密水层、预防性养护罩面层**

　继续对比学习。

3. 沥青路面透层施工技术要求

透层油布洒后应**不致流淌**，应渗入基层一定深度，**不得在表面形成油膜**

气温低于10℃或大风、即将降雨时**不得喷洒透层油**

透层油洒布后应待充分渗透，一般**不少于24h**后才能摊铺上层

沥青路面透层施工技术要求

透层油的黏度通过调节**稀释剂的用量**或**乳化沥青的浓度**得到适宜的黏度，基质沥青的针入度通常宜**不小于100**

用于半刚性基层的透层油宜紧接在基层碾压成型后**表面稍变干燥、但尚未硬化**的情况下喷洒

透层油宜采用沥青洒布车**一次喷洒均匀**

图 1B412020-7　沥青路面透层施工技术要求

　是判断正误型选择题的命题素材。

4. 沥青路面粘层施工技术要求

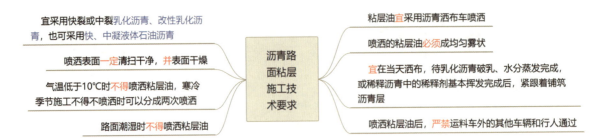

图 1B412020-8　沥青路面粘层施工技术要求

　大家要注意这几个对要求严格程度不同的用词。

5. 沥青路面封层施工技术要求

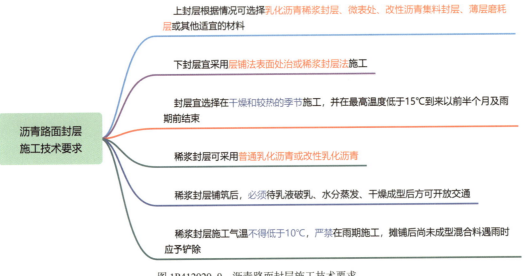

图 1B412020-9　沥青路面封层施工技术要求

　大家要注意不同的层面采用不同的方法。

【考点5】路面改建施工（☆☆☆）[13年、15年单选，20年多选]

1. 水泥路面改造加铺沥青面层的方法之——直接加铺法

水泥路面改造加铺沥青面层的方法之——直接加铺法　　表 1B412020-13

病害种类	处理方法
对边角破碎损坏较深和较宽的路面	先用切割机切除损坏部分，然后浇筑同强度等级混凝土；对破损较浅、较窄的，可凿除5cm以上，然后用细石拌制的混凝土混合料填平

续表

病害种类	处理方法
对发生错台或板块网状开裂的部位	必须将整个板 全部凿除，重新夯实路基及基层，对换板部位基层顶面进行清理维护，换板部分基层调平均由新浇筑的水泥混凝土面板一次进行，不再单独选择材料调平
对于板块脱空、桥头沉陷、板不均匀沉陷及弯沉较大的部位	工艺流程是：定位→钻孔→制浆→灌浆→灌浆孔封堵→交通控制→弯沉检测
对于接缝	清除缝内原有的填充物和杂物，再用手持式注射枪进行沥青灌缝，然后用改性沥青油毡等材料贴缝，有必要时再加铺一层特殊沥青材料的过渡层，吸收或抵抗纵横缝向上扩展的能量，防止产生反射裂缝

 不同程度的病害，采取不同的处理方法，这就是命题干扰选项的素材。

2. 水泥路面改造加铺沥青面层的方法之——碎石化法

图 1B412020-10　水泥路面改造加铺沥青面层的方法之——碎石化法

3. 旧沥青路面再生的三种方法

旧沥青路面再生的三种方法　　表 1B412020-14

方法	现场冷再生法	现场热再生法	厂拌热再生法
适用范围	一般适用于病害严重的一级以下公路沥青路面的翻修、重建	多用于基层承载能力良好、面层因疲劳而龟裂的路段，特别适用于老化不太严重，但平整度较差的路面	适用范围较广，各等级沥青路面铣刨料都可用来再生利用
优点	原路面材料就地实现再生利用，节省了材料转运费用；施工过程能耗低、污染小	施工简单方便，施工速度快，而且原路面材料就地实现再生利用，节省了材料转运费用	再生工艺易于控制，具有与普通沥青路面相同或相近的路用性能和耐久性

续表

缺点	施工质量较难控制；一般需要加铺沥青面层，再生利用的经济性不太明显	再生深度难以深入；级配调整幅度有限，难以去除不适合再生的旧料；质量稳定性和耐久性有所减弱	再生成本较高
关键技术	是添加的胶粘剂（如乳化沥青、泡沫沥青、水泥）与旧混合料的均匀拌合技术，其余如旧沥青混合料的铣刨、破碎技术，胶粘剂配比性能也很关键	旧沥青混合料的加热重熔技术，新加沥青、再生剂与旧混合料的均匀复拌技术	必须解决旧沥青混合料中沥青的加热重熔问题与旧沥青混合料的精确计量问题

 该知识点主要掌握适用范围和关键技术的内容。

4. 现场热再生技术应用的三种施工工艺

现场热再生技术应用的三种施工工艺　　　　表 1B412020-15

方法	整形再生法	重铺再生法	复拌再生法
适用范围	适合 2~3cm 表面层的再生	适合 4~6cm 面层的再生	适合 4~6cm 面层的再生
特点	适合维修路面出现微型裂纹、磨耗层损坏及破损面积较小的路面，修复后可消除原路面的轻度车辙、龟裂等病害，恢复路面的平整度，改善路面性能	适用于破损较严重路面（如出现大面积坑槽）的维修翻新和旧路升级改造施工，修复后形成与新建道路性能完全相同的全新路面。但会增加原路面的标高，因此路面重复再生的次数将受到一定的限制	同"重铺再生法"

 三种施工工艺方法的适用范围是选择题很好的采分点。

1B412030 水泥混凝土路面施工技术

【考点1】水泥混凝土路面用料要求（☆☆☆）

1. 水泥混凝土路面用水泥、粗集料、再生粗集料、细集料的选用

水泥混凝土路面用水泥、粗集料、再生粗集料、细集料的选用　　　　表 1B412030-1

路面用料	水泥	粗集料	再生粗集料	细集料
极重、特重、重交通荷载等级公路面层	应采用旋窑生产的道路硅酸盐水泥、硅酸盐水泥、普通硅酸盐水泥	粗集料质量不应低于Ⅱ级	—	天然砂、机制砂的质量不应低于Ⅱ级
中、轻交通荷载等级公路路面	矿渣硅酸盐水泥	可使用Ⅲ级	可使用	可使用Ⅲ级天然砂

续表

高温期施工	宜采用普通型水泥	—	—	—
低温期施工	宜采用早强型水泥	—	—	—
有抗冰冻、抗盐冻要求	—	—	不应低于Ⅱ级	—
无抗冰冻、抗盐冻要求	—	—	可使用Ⅲ级	—

 用不同的颜色分别标记不同的选择，方便对比记忆。

2. 水泥混凝土路面用料的其他要求

水泥混凝土路面用料的其他要求　　　　　表1B412030-2

路面用料	要求
水泥	选用水泥根据其配制弯拉强度、耐久性和工作性优选适宜的水泥品种、强度等级
	采用机械化铺筑时，宜选用散装水泥
掺合料	使用道路硅酸盐水泥或硅酸盐水泥时，可在混凝土中掺入适量粉煤灰；使用其他水泥不应掺入
	面层水泥混凝土可单独或复配掺用粉状低钙粉煤灰、矿渣粉或硅灰等掺合料，不得掺用结块或潮湿的粉煤灰、矿渣粉或硅灰。不得使用高钙粉煤灰或Ⅲ级及Ⅲ级以下低钙粉煤灰。粉煤灰进货应有等级检验报告
	使用矿渣硅酸盐水泥时不得再掺加矿渣粉
	高温期施工时不宜掺用硅灰
外加剂	滑模摊铺施工的水泥混凝土面层宜采用引气高效减水剂
	高温施工混凝土拌合物的初凝时间短于3h时，宜采用缓凝引气高效减水剂
	低温施工混凝土拌合物终凝时间长10h时，宜采用早强引气高效减水剂
	有抗冰冻、抗盐冻要求时，各级公路水泥混凝土面层及暴露结构物混凝土应掺入引气剂
	无抗冻要求地区的二级及二级以上公路水泥混凝土面层宜掺入引气剂
	处在海水、海风、氯离子环境或冬季撒除冰盐的路面或桥面钢筋混凝土、钢纤维混凝土中可掺用或复配阻锈剂
钢筋	胀缝传力杆应在一端设置镀钵钢管帽或塑料套帽，并应密封不透水
	传力杆钢筋应采取喷塑、镀钵、电镀或涂防锈漆等防锈措施
纤维	用于面层水泥混凝土的合成纤维可采用聚丙烯腈（PANF）、聚丙烯（PPF）、聚酰胺（PAF）和聚乙烯醇（PVAF）等材料
接缝材料	高速公路、一级公路胀缝板宜采用塑胶板、橡胶（泡沫）板或沥青纤维板；其他等级公路也可采用浸油木板

055

续表

路面用料	要求
接缝材料	硅酮类、聚氨酯类常温施工式填缝料可用于各等级公路水泥混凝土面层
	橡胶沥青、改性沥青类填缝料可用于二级及二级以下公路，不宜用于高速公路和一级公路
	道路石油沥青类填缝料可用于三、四级公路，不宜用于二级公路，不用于高速公路和一级公路
	严寒及寒冷地区宜采用低模量型填缝料，其他地区宜采用高模量型填缝料
养护材料	水泥混凝土面层用养护剂应采用由石蜡、适宜高分子聚合物与适量稳定剂、增白剂经胶体磨制成的水乳液，不得采用以水玻璃为主要成分的养护剂

 这个表的内容不少，主要掌握如何选择材料。

【考点2】水泥混凝土路面的施工（☆☆☆☆☆）[13年、16年、18年、21年、22年单选，19年、22年多选，16年、22年案例]

1. 水泥混凝土路面结构形式示意图

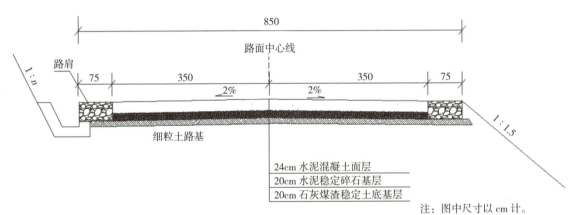

图 1B412030-1 水泥混凝土路面结构形式示意图

2. 水泥混凝土路面的施工方法

水泥混凝土路面的施工方法　　　　表 1B412030-3

小型机具铺筑	滑模摊铺机施工	三辊轴机组铺筑	碾压混凝土
一般用在县乡公路，三、四级公路，等外公路，旅游公路，村镇内道路与广场建设	在高等级公路水泥混凝土路面施工中广泛采用	比较适用于二、三、四级公路及县乡公路水泥混凝土路面的施工	仅适用于二级以下水泥混凝土路面或复合式路面下面层
施工技术简单成熟，施工便捷，不需要大型设备，主要靠人工	工程质量最高，施工速度最快，装备最现代化的高新成熟技术	机械化程度适中，设备投入少，技术容易掌握	碾压混凝土采用的是沥青摊铺机或灰土摊铺机

 这是单项选择题很好的命题素材。

3. 水泥混凝土路面模板及其架设与拆除施工技术

```
应采用刚度足够的槽钢、轨模或钢制边侧模    ┐                          ┌ 模板与混凝土拌合物接触表面应涂隔离剂
板，不应使用木模板、塑料模板等易变形模板    ├─ 水泥混凝土路面模板及其架设与拆除施工技术 ┤
                                      ┘                          └ 模板拆除应在混凝土抗压强度不小于8.0MPa方可进行
```

图 1B412030-2　水泥混凝土路面模板及其架设与拆除施工技术

 哪些模板可以采用、哪些不可以采用。可以采用的是刚性的，不可以采用的是易变形的。

4. 水泥混凝土路面混凝土拌合物的搅拌与运输

- ◆应优先选配间歇式搅拌楼，也可使用连续搅拌楼。
- ◆每台搅拌楼在投入生产前，必须进行标定和试拌。
- ◆应根据拌合物的黏聚性、均质性及强度稳定性试拌确定最佳拌合时间。
- ◆外加剂应以稀释溶液加入，其稀释用水和原液中的水量，应从拌合加水量中扣除。
- ◆运输到现场的拌合物必须具有适宜摊铺的工作性。

 相对于下一个要讲的铺筑来说，搅拌与运输中可考的知识点相对少一些。

5. 采用滑模摊铺机施工法进行混凝土面层铺筑一般规定

- ◆宜用于高速、一级、二级公路普通水泥混凝土面层、配筋混凝土面层、纤维混凝土面层、钢筋混凝土桥面、隧道混凝土面层、混凝土路缘石、路肩石及护栏等的滑模施工。
- ◆基层侧边缘到滑模摊铺面层边缘的宽度不宜小于650mm。
- ◆传力杆和胀缝拉杆钢筋宜采用前置支架法施工，也可采用滑模摊铺机配备的自动插入装置（DBI）施工。
- ◆上坡纵坡大于5%、下坡纵坡大于6%、平面半径小于50m或超高横坡超过7%的路段，不宜采用滑模摊铺机进行摊铺。
- ◆滑模铺筑无传力杆水泥混凝土路面时，布料可使用轻型挖掘机或推土机。
- ◆滑模铺筑连续配筋混凝土路面、钢筋混凝土路面、桥面和桥头搭板，路面中设传力杆钢筋支架、胀缝钢筋支架时，布料应采用侧向上料的布料机或供料机。
- ◆面层切缝可使用软锯缝机、支架式硬锯缝机或普通锯缝机。

 我们看一个题目：采用滑模摊铺机施工法铺筑连续配筋混凝土路面时，布料最适合采用（　　）。正确答案应该是"侧向上料的布料机或供料机"。

6. 水泥混凝土面层滑模摊铺机铺筑的规定

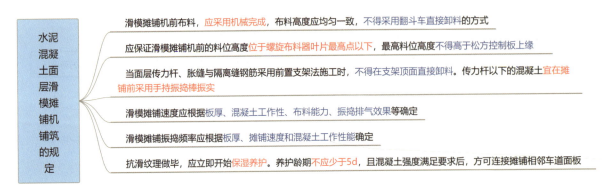

图 1B412030-3　水泥混凝土面层滑模摊铺机铺筑的规定

 这个知识点既可以作为选择题的命题素材，还可以作为实务操作和案例分析题的命题素材。

7. 纵缝与横缝的分类

纵缝与横缝的分类　　　　　　　　　　　　　　　　表 1B412030-4

分类方式	纵缝	横缝
从功能上	分为纵向施工缝和纵向缩缝两类	分为横向施工缝、横向缩缝和横向胀缝
从构造上	分为设拉杆平缝型和设拉杆假缝型	横向施工缝从构造上分为设传力杆平缝型和设拉杆企口缝型
		横向缩缝从构造上分为设传力杆假缝型和不设传力杆假缝型

 多项选择题的命题素材。

8. 水泥混凝土路面结构示意图

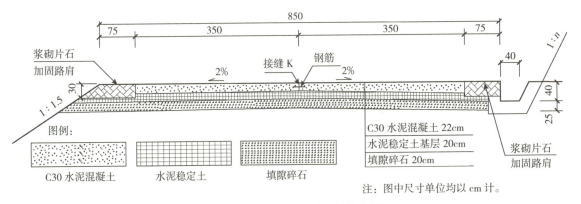

图 1B412030-4　水泥混凝土路面结构示意图

 这个图主要是让考生判断接缝 K 的名称。接缝 K 的名称为伸缩缝。

9. 胀缝构造示意图

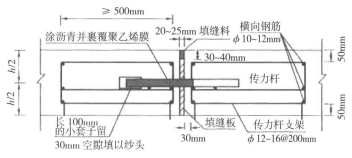

图 1B412030-5 胀缝构造示意图

 了解各结构的名称和位置。

1B412040 中央分隔带及路肩施工技术

【考点1】中央分隔带施工（☆☆☆）[13年案例]

1. 中央分隔带的开挖

中央分隔带的开挖　　　　　　　　　　　　　表 1B412040-1

项目	防水层施工	纵向碎石盲沟的铺设	埋设横向塑料排水管	缘石安装
顺序	沟槽开挖完毕并符合设计要求即进行	—	路基施工完毕后，即可进行	路缘石应在路面铺设之前完成
材料	可喷涂双层防渗沥青，也可铺设PVC防水板	反滤层可用筛选过的中砂、粗砂、砾石等	垫层采用粒径小的石料，如石屑、瓜子片等	—

 当路面基层施工完毕后，即可进行中央分隔带的开挖，先挖集水槽后挖纵向盲沟，一般采用人工开挖的方式。

2. 一般路段中央分隔带断面设计示意图

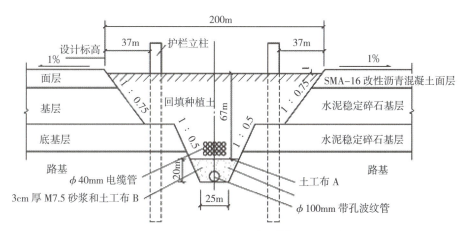

图 1B412040-1 一般路段中央分隔带断面设计示意图

 土工布A的作用是隔离回填土。埋设横向塑料排水管的施工工艺：（1）基槽开挖；（2）铺设垫层；（3）埋设塑料排水管；（4）沟槽回填。

059

【考点2】路肩施工（☆☆☆）[17年、21年单选，19年多选]

1. 土路肩施工

土路肩施工　　　　　　　　　　　　　　　　　　　表 1B412040-2

项目	内容
施工流程	备料→推平→平整→静压→切边→平整→碾压
开挖要求	路堑段的路肩，当开挖到设计标高时，路肩部分宜停止开挖，路面部分继续开挖直至路床顶面
	开挖路床时，路床两侧与路肩连接处应开挖整齐
压实度要求	填筑的压实度不小于设计值（重型击实），应按照要求进行重型击实试验

 了解一下。

2. 硬路肩施工

◆ 硬路肩与车行道连接处标高一致，可将硬路肩视为行车道的展宽。
◆ 硬路肩的顶面标高低于相连的行车道，应先摊铺硬路肩部分，宽度应比要求的宽 5cm 左右。

 同样是了解一下。

1B412050 路面工程质量通病及防治措施

【考点1】无机结合料基层裂缝的防治（☆☆☆）[17年多选]

1. 石灰稳定土基层裂缝的原因分析、预防措施和治理措施

石灰稳定土基层裂缝的原因分析、预防措施和治理措施　　　　表 1B412050-1

原因分析	预防措施	治理措施
混合料中石灰比例偏大	改善土质，采用塑性指数较低的土或适量掺加粉煤灰	加铺高抗拉强度的聚合物网
集料级配中细料偏多，或石粉中性指数偏大	掺加适量掺加砂、碎石、碎砖、煤渣及矿渣等粗粒料	整幅开挖维修

续表

原因分析	预防措施	治理措施
碾压时含水量偏大	保证拌合遍数，控制压实含水量	重视初期养护
成型温度较高，强度形成较快	铺筑碎石过渡层，避免裂缝	—
碎石中含泥量较高	产生收缩裂缝后，再铺筑上一层	—
路基沉降尚未稳定或路基发生不均匀沉降	每隔 5～10m 设一道缩缝	—
养护不及时、缺水或养护时洒水量过大	—	—
拌合不均匀	—	—

 有关质量通病及防治措施的内容，一般会考核多项选择题和实务操作和案例分析题，我们主要掌握原因分析和预防措施。后续不再提示。

2. 水泥稳定土基层裂缝的原因分析、预防措施和治理措施

水泥稳定土基层裂缝的原因分析、预防措施和治理措施　　表 1B412050-2

原因分析	预防措施	治理措施
混合料中水泥比例偏大	改善土质，采用塑性指数较低的土或适量掺加粉煤灰或掺砂	可采用聚合物加特种水泥压力注入法修补裂缝
集料级配中细料偏多，或石粉中性指数偏大	控制压实含水量	加铺高抗拉强度的聚合物网
碾压时含水量偏大	尽可能采用低强度的水泥用量	整幅开挖维修
成型温度较高，强度形成较快	一次成型，尽可能采用慢凝水泥	重视初期养护
碎石中含泥量较高	加强对水泥稳定土的养护	—
路基沉降尚未稳定或路基发生不均匀沉降	养护结束后应及时铺筑下封层	—
养护不及时、缺水或养护时洒水量过大	设计合理的水泥稳定土配合比	—
拌合不均匀	—	—

【考点2】沥青混凝土路面不平整的防治（☆☆☆）

沥青混凝土路面不平整的原因分析、预防措施和治理措施

沥青混凝土路面不平整的原因分析、预防措施和治理措施　　表 1B412050-3

原因分析	预防措施	治理措施
路面不均匀沉降	设置和调整好摊铺机及找平装置	（1）小沟或小坑洞的处理方法：人工及时用适量的细集料沥青混合料填补，并及时碾压整平。 （2）大碎石被压碎的处理方法：采用人工及时把被压碎的碎石混合料铲除，选用合适的沥青混合料补齐和整平。 （3）离析现象的处理方法：人工及时补撒适量的细集料沥青混合料
基层不平整对路面平整度的影响	保证摊铺机的均匀连续作业，做好沥青混凝土路面接缝施工	
桥头、涵洞两端及桥梁伸缩缝的跳车	严格控制结构层的平整度，严格工序间的交验制度	
路面摊铺机械及工艺水平对平整度的影响	确定压路机的机型及重量，确定碾压温度，合理选择碾压速度，选择合理的振频、振幅	
面层摊铺材料的质量对平整度的影响	设专人清除掉在"滑靴"前的混合料及摊铺机履带下的混合料	
碾压对平整度的影响	先摊铺沥青混凝土面层，再做构造物伸缩缝	

【考点3】沥青混凝土路面接缝病害的防治（☆☆☆）[21年案例]

沥青混凝土路面接缝病害的原因分析、预防措施和治理措施

沥青混凝土路面接缝病害的原因分析、预防措施和治理措施　　表 1B412050-4

项目		横向接缝	纵向接缝
原因分析		平接缝边缘未处理成垂直面；斜接缝时，施工方法不当	施工方法不当
		新旧混合料的粘结不紧密	—
		摊铺、碾压不当	摊铺、碾压不当
预防措施		尽量采用平接缝。采用斜接缝时，注意搭接长度，一般为 0.4~0.8m	尽量采用热接缝施工，采用两台或两台以上摊铺机梯队作业
		预热软化已压实部分路面，加强新旧混合料的粘结	将已摊铺混合料留 10~20cm 暂不碾压，作为后摊铺部分的高程基准面，待后摊铺部分完成后一起碾压
		摊铺机起步速度要慢，并调整好预留高度，摊铺结束后立即碾压，压路机先进行横向再纵向碾压成为一体，碾压速度不宜过快。注意碾压的温度	碾压完成后，用 3m 直尺检查，用钢轮压路机处理棱角
治理措施		施工时应边压边以 3m 直尺测量，并配以人工细料找平。当不符合要求者应趁混合料尚未冷却时立即处理，以摊铺层面直尺脱离点为界限，用切割机切缝挖除	

【考点4】水泥混凝土路面裂缝的防治（☆☆☆）

1. 水泥混凝土路面横向裂缝的原因分析、预防措施和治理措施

水泥混凝土路面横向裂缝的原因分析、预防措施和治理措施　　表1B412050-5

原因分析	预防措施	治理措施
混凝土路面切缝不及时，由于温缩和干缩发生断裂	严格掌握混凝土路面的切缝时间	当板块裂缝较大，咬合能力严重削弱时，应局部翻挖修补
切缝深度过浅	切缝设备不足时，可在1/2长度处先锯，之后再分段锯	整块板更换
路面基础发生不均匀沉陷，导致板底脱空而断裂	保证基础稳定、无沉陷	用聚合物灌浆法封缝或沿裂缝开槽嵌入弹性或刚性粘合修补材料
路面板厚度与强度不足，在行车荷载和温度作用下产生强度裂缝	路面的结构组合与厚度设计应满足交通需要	—
水泥干缩性大；混凝土配合比不合理，水胶比大；材料计量不准确；养护不及时	选用干缩性较小的硅酸盐水泥或普通硅酸盐水泥。严格控制材料用量，保证计量准确，并及时养护	—
混凝土施工时，振捣不均匀	振捣要适度、均匀	—

2. 水泥混凝土路面纵向裂缝的原因分析、预防措施和治理措施

水泥混凝土路面纵向裂缝的原因分析、预防措施和治理措施　　表1B412050-6

原因分析	预防措施	治理措施
路基发生不均匀沉陷	填方路基应分层填筑、碾压，保证均匀、密实	属于土基沉陷等原因引起的，则宜先从稳定土后，再修复
	对新旧路基界面处的施工应设置台阶或格栅处理	裂缝的修复，采用扩缝加筋的办法进行修补具有较好的增强效果
	河道地段，淤泥必须彻底清除；沟槽地段，回填材料要有良好的水稳性和压实度	翻挖重铺
基础不稳定	应采用半刚性基层	—
混凝土板厚度与基础强度不足	宜优先采用水泥、石灰稳定类基层	—

3. 水泥混凝土路面龟裂的原因分析、预防措施和治理措施

水泥混凝土路面龟裂的原因分析、预防措施和治理措施　　　　表 1B412050-7

原因分析	预防措施	治理措施
混凝土浇筑后，表面没有及时覆盖	及时用潮湿材料覆盖，认真浇水养护，防止强风和暴晒	初凝前出现龟裂，可采用馒刀反复压抹或重新振捣的方法来消除，再加强湿润覆盖养护
混凝土拌制时水胶比过大；模板与垫层过于干燥，吸水大	严格控制水胶比和水泥用量，选择合适的粗集料级配和砂率	一般对结构强度无甚影响，可不予处理
混凝土配合比不合理，水泥用量和砂率过大	将基层和模板浇水湿透，避免吸收混凝土中的水分	必要时应用注浆进行表面涂层处理，封闭裂缝
混凝土表面过度振捣或抹平，使水泥和细集料过多上浮至表面，导致缩裂	防止过度振捣而使砂浆积聚表面。抹面时不必过度抹平	—

【考点5】水泥混凝土路面断板的防治（☆☆☆）

水泥混凝土路面断板的原因分析、预防措施和治理措施　　　　表 1B412050-8

原因分析	预防措施	治理措施
混凝土板的切缝深度不够、不及时，以及压缝距离过大	做好压缝并及时切缝	裂缝的修补方法有直接灌浆法、压注灌浆法、扩缝灌注法、条带罩面法、全深度补块法
车辆过早通行	控制交通车辆	局部修补
原材料不合格	合格的原材料	整块板更换
基层材料的强度不足，水稳性不良	强度、水稳性的控制	—
基层标高控制不严和不平整	基层标高及平整度的控制	—
混凝土配合比不当	—	—
施工工艺不当	施工工艺的控制	—
边界原因	边界影响的控制	—

到这里，路面工程的质量通病及防治措施结束了。

1B413000 桥梁工程

1B413010 桥梁的构造

【考点1】桥梁的组成与类型（☆☆☆☆）[21年单选，22年多选]

1. 桥梁的组成

表 1B413010-1 桥梁的组成

四个基本部分	说明
上部结构	桥跨结构，是在线路中断时跨越障碍的主要承重结构
下部结构	包括桥墩、桥台和基础
支座系统	—
附属设施	包括桥面系、伸缩缝、桥头搭板和锥形护坡等。桥面系包括桥面铺装、排水防水系统、栏杆、灯光照明等

 这是多项选择题的命题素材。

2. 桥梁的相关尺寸术语

表 1B413010-2 桥梁的相关尺寸术语

术语	说明
梁式桥净跨径	是设计洪水位上相邻两个桥墩（或桥台）之间的净距。对于拱式桥是每孔拱跨两个拱脚截面最低点之间的水平距离
总跨径	是多孔桥梁中各孔净跨径的总和，也称桥梁孔径，反映了桥下宣泄洪水的能力
计算跨径	对于具有支座的桥梁，是指桥跨结构相邻两个支座中心之间的距离。拱圈（或拱肋）各截面形心点的连线称为拱轴线，计算跨径为拱轴线两端点之间的水平距离
桥梁全长（桥长）	是桥梁两端两个桥台的侧墙或八字墙后端点之间的距离。对于无桥台的桥梁为桥面系行车道的全长
桥梁高度（桥高）	是指桥面与低水位（或地面）之间的高差，或为桥面与桥下线路路面之间的距离，在某种程度上反映了桥梁施工的难易性
桥下净空高度	是设计洪水位或计算通航水位至桥跨结构最下缘之间的距离，它应保证能安全排洪，并不得小于对该河流通航所规定的净空高度
建筑高度	是桥上行车路面（或轨顶）标高至桥跨结构最下缘之间的距离。公路（或铁路）定线中所确定的桥面（或轨顶）标高，对通航净空顶部标高之差，又称为容许建筑高度

续表

术语	说明
净矢高	是从拱顶截面下缘至相邻两拱脚截面下线最低点之连线的垂直距离
计算矢高	是从拱顶截面形心至相邻两拱脚截面形心之连线的垂直距离
矢跨比（拱矢度）	是拱桥中拱圈（或拱肋）的计算矢高与计算跨径之比，它是反映拱桥受力特性的一个重要指标
涵洞	是用来宣泄路堤下水流的构造物。为了区别于桥梁，单孔跨径不到5m的结构物，均称为涵洞

 一般会考核单项选择题。

3. 按桥梁的结构分类

按桥梁的结构分类 表1B413010-3

类型	承重结构	形式	适用范围
梁式桥	以梁的抗弯能力来承受荷载	分简支梁、悬臂梁、固端梁和连续梁等	可建成更大跨径的桥梁
拱桥	拱肋（或拱箱），以承压为主	分单铰拱、双铰拱、三铰拱和无铰拱	一般常建于地基良好的地区
刚架桥	受弯的上部梁（或板）结构与承压的下部柱（或墩）整体结合在一起的结构	分直腿刚架与斜腿刚架	一般用于跨径不大的城市桥或公路高架桥和立交桥
悬索桥	悬索	主要构造是：缆、塔、锚、吊索及桥面，一般还有加劲梁	更能经济合理地修建大跨度桥
斜拉桥	承压的塔、受拉的索与承弯的梁体组合起来的一种结构	—	—

 主要掌握承重结构和适用范围。

（a）梁式桥　　　　　　　（b）拱桥　　　　　　　（c）悬索桥

图1B413010-1　桥梁

【考点2】桥梁基础分类和受力特点（☆☆☆☆）[13年、16年单选，15年、17年、21年多选]

1. 桥梁扩大基础

图 1B413010-2　桥梁扩大基础

 掌握扩大基础中力的作用方向、适用范围。

2. 桩的分类

桩的分类　　　　　　　　　　　　　　　表 1B413010-4

条件	类型	内容
按桩的使用功能	竖向抗压桩	主要承受竖向下压荷载（简称竖向荷载）的桩应进行竖向承载力计算，必要时还需计算桩基沉降
	竖向抗拔桩	主要承受竖向上拔荷载的桩，应进行桩身强度和抗裂计算以及抗拔承载力验算
	水平受荷桩	主要承受水平荷载的桩，应进行桩身强度和抗裂验算以及水平承载力和位移验算
	复合受荷桩	承受竖向、水平荷载均较大的桩，应按竖向抗压（或抗拔）桩及水平受荷桩的要求进行验算
按桩承载性能	摩擦桩	桩顶的极限荷载主要靠桩身与周按桩承载性能围土层之间的摩擦力来支承，桩尖处土层反力很小
	端承桩	桩顶极限荷载主要靠桩尖处坚硬岩土层提供的反力来支承，桩侧摩擦力很小
	摩擦端承桩	桩顶的极限荷载由桩侧阻力和桩端阻力共同承担，但主要由桩侧阻力承受
	端承摩擦桩	
按桩身材料分类		可分为木桩、混凝土桩、钢桩、组合桩等
按桩径大小	小桩	桩径≤250mm

续表

条件	类型	内容
按桩径大小	中等直径桩	250mm＜桩径＜800mm
	大直径桩	桩径≥800mm
按施工方法	沉桩	锤击沉桩法一般适用于松散、中密砂土、黏性土
		振动沉桩法一般适用于砂土、硬塑及软塑的黏性土和中密及较松的碎石土
		射水沉桩法适用在密实砂土、碎石土的土层中
		静力压桩法适用于在黏性土、砂土、碎石土中埋置大量的大直径圆桩
	钻孔灌注桩	适用于黏性土、砂土、砾卵石、碎石、岩石等各类土层
	挖孔灌注桩	适用于无地下水或少量地下水，且较密实的土层或风化岩层

 以多项选择题的形式考核具体分类，以单项选择题的形式考核适用范围。

（a）扩大基础　　　　（b）桩基础　　　　（c）沉井基础　　　　（d）地下连续墙

图 1B413010-3　基础

3. 桥型立面布置示意图

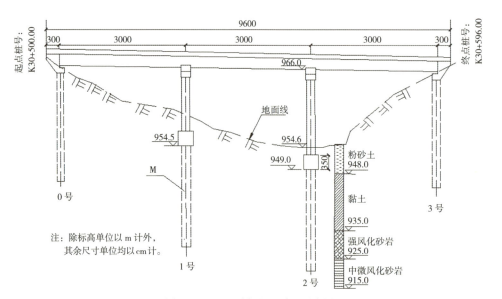

图 1B413010-4　桥型立面布置示意图

 该桥为单箱双室现浇预应力混凝土连续箱梁，下部结构为薄壁式桥墩，轻型桥台，上部结构采用满堂式支架现浇施工。图中 M 的名称：桩基础。

4. 沉井基础

- ◆是依靠在井内挖土，借助井体自重及其他辅助措施而逐步下沉至预定设计标高，最终形成的一种结构深基础形式。
- ◆刚度大，有较大的横向抗力，抗振性能可靠，尤其适用于竖向和横向承载力大的深基础。
- ◆按其制作条件和制作方式可分为就地浇筑下沉沉井、浮运就位沉井。

 可考核的知识点不多。

5. 地下连续墙

地下连续墙　　　　　　　　　　　表 1B413010-5

项目	内容
工艺	是采用膨润土泥浆护壁，开挖出一条沟槽，在槽内设置钢筋笼，采用导管法在泥浆中浇筑混凝土，筑成一单元墙段，依次顺序施工，连接成的一道连续的地下钢筋混凝土墙
功能	通常可作为基坑开挖时防渗、挡土、或挡水围堰，或邻近建筑物基础的支护
功能	直接作为承受上部荷载的基础结构
功能	可用于除岩溶和地下承压水很高处的其他各类土层中施工
特点	墙体刚度大，主要承受竖向和侧向荷载，通常既要作为永久性结构的一部分，又要作为地下工程施工过程中的防护结构
分类	按成墙方式可分为：桩排式、壁板式、组合式
分类	按挖槽方式大致可分为：抓斗式、冲击式、回转式
分类	按施工方法可分为：现浇墙、预制墙、现浇及预制组合墙

 该知识点很重要。

【考点3】桥梁下部结构分类和受力特点（☆☆☆☆）[15年单选]

1. 桥梁下部结构分类及适用范围

桥梁下部结构分类及适用范围　　　　　　表 1B413010-6

分类	适用范围或特点
重力式桥墩	适用于地基良好的大、中型桥梁，或流冰、漂浮物较多的河流中

续表

分类		适用范围或特点
重力式桥台		适用于地基良好的大、中型桥梁，或流冰、漂浮物较多的河流中，梁桥和拱桥上重力式桥台为U形桥台，它适用于填土高度在8～10m以下或跨度稍大的桥梁
梁桥轻型桥墩	钢筋混凝土薄壁桥墩	适用于地基土软弱的地区
	柱式桥墩	外形美观，与工体积少，而且重量较轻
	钻孔桩柱式桥墩	适合于多种场合和各种地质条件
	柔性排架桩墩	只适合于在低浅宽滩河流、通航要求低和流速不大的水网地区河流上修建小跨径桥梁时采用
梁桥轻型桥台	设有支撑梁的轻型桥台	适用于单跨桥梁，桥孔跨径6～10m，台高不超过6m
	埋置式桥台	适用范围：桥孔跨径8～20m，填土高度3～5m。当填土高度大于5m时，宜采用框架式埋置式桥台
	钢筋混凝土薄壁桥台	适用于软弱地基的条件
	加筋土桥台	在台后路基填土不被冲刷的中、小跨径桥梁，台高3～5m时，可采用
拱桥轻型桥墩	带三角杆件的单向推力墩	只在桥不太高的旱地上采用
	悬臂式单向推力墩	适用于两铰双曲拱桥
拱桥轻型桥台		适用于13m以内的小跨径拱桥和桥台水平位移量很小的情况

 单项选择题的采分点是适用范围，多项选择题的采分点是分类。

2. 桥梁下部结构的受力特点

桥梁下部结构的受力特点　　　　　　　　　　　　表 1B413010-7

下部结构	受力特点
桥梁墩台	承担着桥梁上部结构所产生的荷载，并将荷载有效地传递给地基基础，起着"承上启下"的作用
桥墩	为多跨桥梁中的中间支承结构物，除承受上部结构产生竖向力、水平力和弯矩外，还承受风荷载、流水压力及可能发生的地震作用、冰压力、车辆和船只或漂流物的撞击力
桥台	设置在桥梁两端，除了支承桥跨结构外，又是衔接两岸接线路堤的构筑物；它既要能挡土护岸，又能承受台背填土及填土上车辆荷载所产生的附加土侧压力

 要注意结构在桥梁中的位置及其受力特点。

【考点 4】桥梁上部结构分类和受力特点（☆☆☆☆☆）[15 年单选]

桥梁上部结构分类和受力特点　　　　表 1B413010-8

分类	受力特点
简支梁桥	钢筋混凝土简支梁桥：主要由梁肋（腹板）、翼板（桥面板）、底板结合在一起作为承重结构
	预应力混凝土简支梁桥：为提高核心距，在构造上可采用大翼缘、薄肋板、宽矮马蹄的结构形式
连续体系桥梁	支点存在负弯矩，跨中正弯矩显著减少，可以减少跨内主梁的高度
	超静定结构产生附加内力的因素包括预应力、混凝土的收缩徐变、墩台不均匀沉降、截面温度梯度变化等
	配筋要考虑正负两种弯矩的要求
斜拉桥	增大了偏心距的体外索，充分发挥抵抗负弯矩的能力
	水平分力相当于混凝土的预压力
	主梁多点弹性支承、高跨比小、自重轻，提高跨径
悬索桥	主缆为主要承重结构，其巨大的拉力需要牢固的地锚承受
	对于连续吊桥，中间地锚的两侧拉索水平推力基本平衡，主要利用自重承受向上的竖向力
拱桥	拱圈是桥跨结构的主要承载部分，不仅有竖向反力，还有水平推力，整个拱主要承受压力

 对比这几种结构的承重体系。

【考点 5】桥梁计算荷载（☆☆☆）

1. 公路桥涵设计采用的作用的分类

公路桥涵设计采用的作用的分类　　　　表 1B413010-9

作用分类	作用名称
永久作用	结构重力（包括结构附加重力）、预加力、土的重力、土侧压力、混凝土收缩（徐变）作用、水的浮力、基础变位作用
可变作用	汽车荷载、汽车冲击力、汽车离心力、汽车引起的土侧压力、汽车制动力、人群荷载、疲劳荷载、风荷载、流水压力、冰压力、波浪力、温度（均匀温度和梯度温度）作用、支座摩阻力
偶然作用	船舶的撞击作用、漂流物的撞击作用、汽车撞击作用
地震作用	地震作用

 主要掌握偶然作用的名称，是一个多项选择题的采分点。

2. 公路桥涵结构永久作用效应的分项系数

公路桥涵结构永久作用效应的分项系数　　　　表 1B413010-10

编号	作用类别		永久作用效应分项系数	
			对结构的承载能力不利时	对结构的承载能力有利时
1	混凝土和圬工结构重力（包括结构附加重力）		1.2	1.0
	钢结构重力（包括结构附加重力）		1.1 或 1.2	1.0
2	预加力		1.2	1.0
3	土的重力		1.2	1.0
4	混凝土的收缩及徐变作用		1.0	1.0
5	土侧压力		1.4	1.0
6	水的浮力		1.0	1.0
7	基础变位作用	混凝土和圬工结构	0.5	0.5
		钢结构	1.0	1.0

 编号1中，当钢桥采用钢桥面板时，永久作用效应分项系数取1.1；当采用混凝土桥面板时，取1.2。

1B413020 常用模板、支架和拱架的设计与施工

【考点1】常用模板、支架和拱架的设计（☆☆☆）[15年单选]

模板、支架和拱架设计计算的荷载组合

模板、支架和拱架设计计算的荷载组合　　　　表 1B413020-1

模板、支架结构类别	荷载组合	
	计算强度	验算刚度
梁、板和拱的底模板以及支承板、支架及拱等	（1）+（2）+（3）+（4）+（7）+（8）	（1）+（2）+（7）+（8）
缘石、人行道、栏杆、柱、梁、板、拱等的侧模板	（4）+（5）	（5）
基础、墩台等厚大建筑物的侧模板	（5）+（6）	（5）

 表中对应的荷载：（1）模板、支架自重；（2）新浇筑混凝土、钢筋、预应力筋或其他圬工结构物的重力；（3）施工人员及施工设备、施工材料等荷载；（4）振捣混凝土时产生的振动荷载；（5）新浇筑混凝土对模板侧面的压力；（6）混凝土入模时产生的水平方向的冲击荷载；（7）设于水中的支架所承受的水流压力、波浪力、流冰压力、船只及其他漂浮物的撞击力；（8）其他可能产生的荷载，如风荷载、雪荷载、冬季保温设施荷载、温度应力等。

【考点2】常用模板、支架和拱架的施工（☆☆☆☆☆）[17年、19年、21年单选，20年多选]

1. 桥梁工程模板的制作及安装

图 1B413020-1　桥梁工程模板的制作及安装

 不同形式的模板在制作和安装过程中有不同的要求。

2. 桥梁支架设置施工预拱度应考虑的因素

图 1B413020-2　桥梁支架设置施工预拱度应考虑的因素

 这是多项选择题的采分点。

 这是本考点中最重要的知识点。模板、支架的拆除应遵循后支先拆、先支后拆的顺序进行。

3. 桥梁工程模板、支架的拆除

桥梁工程模板、支架的拆除　　　　　　　　　　　　表 1B413020-2

模板类型	拆除要求
非承重侧模板	应在混凝土抗压强度达到 2.5MPa，且能保证其表面及棱角不致因拆模而受损坏时方可拆除
芯模和预留孔道的内模	应在混凝土强度能保证其表面不发生塌陷或裂缝现象时，方可拆除
承重模板、支架	应在混凝土强度能承受其自重荷载及其他可能的叠加荷载时，方可拆除
预应力混凝土结构	侧模应在预应力钢束张拉前拆除；底模及支架应在结构建立预应力后方可拆除
墩、台的模板	宜在其上部结构施工前拆除
梁、板等结构的承重模板	在横向应同时，在纵向应对称均衡卸落
简支梁、连续梁结构的模板	宜从跨中向支座方向依次循环卸落
悬臂梁结构的模板	宜从悬臂端开始顺序卸落

4. 桥梁工程拱架的卸落拆除

桥梁工程拱架的卸落拆除 表 1B413020-3

拱架类型	卸落拆除要求
满布式落地拱架	可从拱顶向拱脚依次循环卸落
拱式拱架	可在两支座处同时均匀卸落
多孔拱桥拱架	若桥墩允许承受单孔施工荷载，可单孔卸落，否则应多孔同时卸落，或各连续孔分阶段卸落
浆砌石拱桥拱架	应待砂浆强度达到设计强度的85%后方可卸落
跨径小于10m的小拱桥拱架	宜在拱上建筑全部完成后卸架
中等跨径的实腹式拱	宜在护拱砌完后卸架
大跨径空腹式拱	宜在拱上小拱横墙砌好（未砌小拱圈）时卸架

 这是本考点中最重要的知识点。现浇混凝土拱圈的拱架，其拆除期限应符合设计规定；设计未规定时，应在拱圈混凝土强度达到设计强度的85%后，方可卸落拆除。卸落拱架宜分步卸落，在纵向应对称均衡卸落，在横向应同时一起卸落。卸落拱架时，应设专人对拱圈的挠度和墩台的位移等情况进行监测。当需要进行裸拱卸架时，应对裸拱进行截面强度及稳定性验算，并采取必要的辅助稳定措施。

1B413030 钢筋与混凝土施工技术

【考点1】钢筋工程施工（☆☆☆）[21年、22年单选，15年多选]

1. 箍筋末端弯钩的加工制作要求

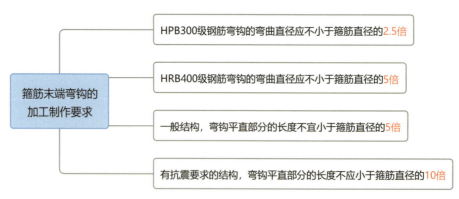

图 1B413030-1 箍筋末端弯钩的加工制作要求

 箍筋的末端应做弯钩，弯钩的弯曲直径应大于被箍受力主钢筋的直径。

2. 钢筋连接的要求

钢筋连接的要求　　　　　　　　　　　　　　　　　　　表 1B413030-1

接头形式		要求
绑扎接头		仅当钢筋构造复杂施工困难时方可采用，绑扎接头的钢筋直径不宜大于 28mm，对轴心受压和偏心受压构件中的受压钢筋可不大于 32mm；轴心受拉和小偏心受拉构件不应采用绑扎接头
焊接接头	焊接方式	宜采用闪光对焊，或采用电弧焊、电渣压力焊或气压焊，但电渣压力焊仅可用于竖向钢筋的连接，不得用作水平钢筋和斜筋的连接
	焊接前	应先选定焊接工艺和焊接参数，按实际条件进行试焊；试焊质量经检验合格后方可正式施焊
	焊缝	电弧焊宜采用双面焊缝，仅在双面焊无法施焊时，方可采用单面焊缝，焊缝长度，对双面焊缝不应小于 5d，单面焊缝不应小于 10d（d 为钢筋直径）
机械连接接头	接头加工	宜采用镦粗直螺纹、滚轧直螺纹或套筒挤压连接接头
	适用	适用于 HRB400、HRBF400、HRB500、RRB400 级热轧带肋钢筋
	最小混凝土保护层厚度	不得小于 20mm；连接件之间或连接件与钢筋之间的横向净距不宜小于 25mm

 受力钢筋焊接或绑扎接头应设置在内力较小处，并错开布置，对于绑扎接头，两接头间距离不小于 1.3 倍搭接长度。对于焊接接头和机械接头，在接头长度区段内，同一根钢筋不得有两个接头。

3. 预应力筋进场时分批验收的要求

预应力筋进场时分批验收的要求　　　　　　　　　　　　　表 1B413030-2

钢丝	钢绞线	热轧带肋钢筋
分批检验时每批质量应不大于 60t	分批检验时每批质量应不大于 60t	分批检验时每批质量应不大于 100t
应先从每批中抽查 5% 且不少于 5 盘，进行表面质量检查	—	对表面质量应逐根目视检查
如检查不合格，则应对该批钢丝逐盘检查	—	—
在每盘钢丝的两端取样进行抗拉强度、弯曲和伸长率的试验	应从每批钢绞线中任取 3 盘，并从每盘钢绞线端部正常部位截取一组试样进行表面质量、直径偏差和力学性能试验	外观检查合格后在每批中任选 2 根钢筋截取试件进行拉伸试验

 预应力筋进场时应分批验收，验收时，需要对其质量证明书、包装、标志和规格等进行检查。

4. 预应力钢筋加工制作的要求

```
                                    ┌── 对预应力筋进行拉伸试验中,应同时测定其弹性模量
                                    │
              ┌──────────┐         ├── 预应力筋的下料长度计算时应考虑结构的孔道长度或台座长度、锚夹具厚度、千斤顶长
              │ 预应力   │         │    度、镦头预留量、冷拉伸长值、弹性回缩值、张拉伸长值和张拉工作长度等因素
              │ 钢筋加   │─────────┤
              │ 工制作   │         ├── 预应力筋的下料,应采用切断机或砂轮锯切断,严禁采用电弧切割
              │ 的要求   │         │
              └──────────┘         └── 高强度钢丝的镦头宜采用液压冷镦,钢丝镦头的强度不得低于钢丝强度标准值的98%
```

图 1B413030-2　预应力钢筋加工制作的要求

 每一条内容都可以作为一个选择题选项。

【考点2】混凝土工程施工（☆☆☆）

1. 不同强度等级混凝土的最大水胶比和胶凝材料用量

不同强度等级混凝土的最大水胶比和胶凝材料用量　　　　表 1B413030-3

混凝土强度等级	最大水胶比	最小水泥用量（kg/m³）	最大胶凝材料用量（kg/m³）
C25	0.55	275	400
C30	0.55	280	400
C35	0.50	300	400
C40	0.45	320	450
C45	0.40	340	450
C50	0.36	360	480
C55	0.32	380	500
C60	0.30	400	530

 该标数据适用于最大粗集料粒径为 20mm 的情况；大掺量矿物掺合料混凝土的水胶比应不大于 0.42。

2. 混凝土掺入外加剂的规定

混凝土掺入外加剂的规定　　　　表 1B413030-4

项目	规定
外加剂	在钢筋混凝土和预应力混凝土中,均不得掺用氯化钙、氯化钠等氯盐
	减水剂宜采用聚羧酸类减水剂

续表

项目	规定
外加剂	各种外加剂中的氯离子总含量宜不大于混凝土中胶凝材料总质量的0.02%，硫酸钠含量宜不大于减水剂干重的15%
膨胀剂	掺入膨胀剂的混凝土宜采取有效的持续保湿养护措施
碱含量	每立方米混凝土的总碱含量，对一般桥涵宜不大于3.0kg/m³，对特大桥、大桥和重要桥梁宜不大于2.1kg/m³。当混凝土结构处于受严重侵蚀的环境时，不得使用有碱活性反应的集料

 外加剂与水泥、矿物掺合料之间应具有良好的相容性。

3. 泵送混凝土的规定

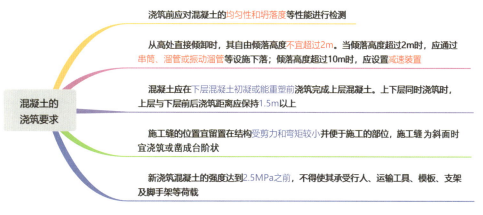

图 1B413030-3　泵送混凝土的规定

 在泵送过程中，受料斗内应具有足够的混凝土，应防止吸入空气产生阻塞。向低处泵送混凝土时，应采取必要措施、防止混凝土离析或堵塞输送管。

4. 混凝土的浇筑要求

混凝土的浇筑要求：
- 浇筑前应对混凝土的均匀性和坍落度等性能进行检测
- 从高处直接倾卸时，其自由倾落高度不宜超过2m。当倾落高度超过2m时，应通过串筒、溜管或振动溜管等设施下落；倾落高度超过10m时，应设置减速装置
- 混凝土应在下层混凝土初凝或能重塑前浇筑完成上层混凝土。上下层同时浇筑时，上层与下层前后浇筑距离应保持1.5m以上
- 施工缝的位置宜留置在结构受剪力和弯矩较小并便于施工的部位，施工缝为斜面时宜浇筑或凿成台阶状
- 新浇筑混凝土的强度达到2.5MPa之前，不得使其承受行人、运输工具、模板、支架及脚手架等荷载

图 1B413030-4　混凝土的浇筑要求

 这里可以设置的陷阱比如：受剪力和弯矩较大的部位。

077

5. 大体积混凝土施工要求

图 1B413030-5 大体积混凝土施工要求

6. 高强度混凝土与高性能混凝土的要求

高强度混凝土与高性能混凝土的要求　　　　　表 1B413030-5

项目	高强度混凝土	高性能混凝土
水泥选用	强度等级不低于52.5级的硅酸盐水泥和普通硅酸盐水泥，不得使用立窑水泥	强度等级不低于42.5级的硅酸盐水泥或普通硅酸盐水泥，不宜采用矿渣硅酸盐水泥、火山灰质硅酸盐水泥及粉煤灰硅酸盐水泥
拌制方法	应采用强制式搅拌机拌制，不得采用自落式搅拌机搅拌。搅拌混凝土时高效减水剂宜采用后掺法	应采用搅拌效率高且均质性好的卧轴式、行星式或逆流式强制式搅拌机

 注意区分高强度混凝土与高性能混凝土的水泥选用与拌制。

（a）行星式搅拌机

（b）卧式搅拌机

图 1B413030-6 搅拌机

【考点3】预应力混凝土工程施工（☆☆☆☆☆）[18年、19年、20年单选，19年、20年、21年案例]

1. 张拉用的千斤顶与压力表应重新进行标定的情况

图 1B413030-7　张拉用的千斤顶与压力表应重新进行标定的情况

 这是多项选择题的采分点。

2. 先张法墩式台座结构应符合的规定

图 1B413030-8　先张法墩式台座结构应符合的规定

 注意"应不大于"，这是命题时容易设置陷阱的地方。

3. 先张法预应力筋的张拉程序

先张法预应力筋的张拉程序　　　　　　　　　　　　　　表 1B413030-6

预应力筋种类		张拉程序
钢丝、钢绞线	夹片式等具有自锚性能的锚具	低松弛预应力筋：$0 \to 初应力 \to \sigma_{con}$（持荷 5min 锚固）
	其他锚具	$0 \to 初应力 \to 1.05\sigma_{con}$（持荷 5min）$\to 0 \to \sigma_{con}$（锚固）
热轧带肋钢筋		$0 \to 初应力 \to 1.05\sigma_{con}$（持荷 5min）$\to 0.9\sigma_{con} \to \sigma_{con}$（锚固）

 注意区分程序。

4. 先张法预应力筋的张拉规定

> ◆ 同时张拉多根预应力筋时，应使相互之间的应力一致，再整体张拉。
> ◆ 张拉时，同一构件内预应力钢丝、钢绞线的断丝数量不得超过 1%，同时对于热轧带肋钢筋不容许断筋。
> ◆ 预应力筋张拉完毕后，其位置与设计位置的偏差不得大于 5mm，同时不应大于构件最短边长的 4%，且宜在 4h 内浇筑混凝土。

预应力钢丝、钢绞线与热轧带肋钢筋的断丝数量的规定是互相干扰的选项。

5. 先张法预应力筋的放张规定

图 1B413030-9　先张法预应力筋的放张规定

 注意两个 80%。

6. 先张法预制梁板施工工艺流程

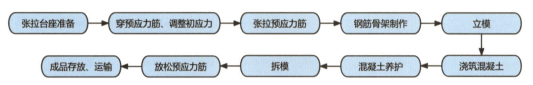

图 1B413030-10　先张法预制梁板施工工艺流程

口助诀记　张穿张筋，立筑养，拆放存。

7. 采用金属或塑料管道构成后张预应力混凝土结构或构件的孔道规定

- ◆ 固定各种成孔管道用的定位钢筋的间距，对钢管不宜大于 1.0m；波纹管不宜大于 0.8m。
- ◆ 塑料波纹管应采用专用焊接机进行热熔焊接或采用具有密封性能的塑料结构连接器连接。
- ◆ 所有管道均应在每个顶点设排气孔及需要时在每个低点设排水孔，每个顶点和两端设检查孔。
- ◆ 压浆管、排气管和排水管应是塑性管，与管道之间的连接应采用金属或塑料结构扣件，长度应足以从管道引出结构物以外。

 这是判断型选择题的命题素材。

8. 后张法预应力筋的张拉程序

后张法预应力筋的张拉程序　　　　　　　　　　　表 1B413030-7

锚具和预应力筋种类		张拉程序
夹片式等具有自锚性能的锚具	钢绞线束钢丝束	低松弛预应力筋：0 → 初应力 → σ_{con}（持荷 5min 锚固）

续表

锚具和预应力筋种类		张拉程序
其他锚具	钢绞线束钢丝束	$0 \rightarrow 初应力 \rightarrow 1.05\sigma_{con}$（持荷 5min）$\rightarrow \sigma_{con}$（锚固）
		$0 \rightarrow 初应力 \rightarrow 1.05\sigma_{con}$（持荷 5min）$\rightarrow 0 \rightarrow \sigma_{con}$（锚固）
螺母锚固锚具	热轧带肋钢筋	$0 \rightarrow 初应力 \rightarrow \sigma_{con}$（持荷 5min）$\rightarrow 0 \rightarrow \sigma_{con}$（锚固）

 注意区分程序。要与先张法的程序对应学习。

9. 后张法预应力筋的张拉和锚固应符合的规定

后张法预应力筋的张拉和锚固应符合的规定：
- 张拉时，混凝土的强度应不低于设计强度等级值的80%，弹性模量应不低于混凝土28d弹性模量的80%
- 预应力筋应整束张拉锚固
- 预应力筋采用两端张拉时，宜两端同时张拉；或先在一端张拉锚固后，再在另一端补足预应力值进行锚固
- 两端张拉时各千斤顶之间同步张拉力的允许误差宜为±2%
- 对夹片式锚具，锚固后夹片顶面应平齐，其相互间的错位不宜大于2mm，且露出锚具外的高度不应大于4mm
- 切割端头多余的预应力筋时应采用砂轮锯，严禁采用电弧进行切割，同时不得损伤锚具
- 切割后预应力筋的外露长度不应小于30mm，且不应小于1.5倍预应力筋直径

图 1B413030-11　后张法预应力筋的张拉和锚固应符合的规定

 要与先张法的规定对应学习。

10. 后张法预应力孔道压浆及封锚的规定

- 孔道压浆应在48h内完成。
- 水泥应采用性能稳定、强度等级不低于42.5的低碱硅酸盐或低碱普通硅酸盐水泥。
- 外加剂不得含有氯盐、亚硝酸盐或其他对预应力筋有腐蚀作用的成分。
- 减水剂应采用高效减水剂或高性能减水剂。
- 膨胀剂宜采用钙矾石系或复合型膨胀剂，不得采用以铝粉为膨胀源的膨胀剂或总碱量0.75%以上的高碱膨胀剂。
- 对曲线孔道和竖向孔道应从最低点的压浆孔压入；对水平直线孔道可从任意一端的压浆孔压入。
- 浆液自拌制完成至压入孔道的延续时间不宜超过40min。
- 压浆过程中及压浆后48h内，结构或构件混凝土的温度及环境温度不得低于5℃。

 很重要的知识点。

1B413040 桥梁基础工程施工技术

【考点1】明挖扩大基础施工（☆☆☆）[22年单选]

1. 明挖扩大基础基坑开挖的安全防护要求

◆基坑边缘的顶面应设置截水沟等防止地面水流入基坑的设施。
◆深基坑四周距基坑边缘不小于1m处应设立钢管护栏、挂密目式安全网，靠近道路侧应设置安全警示标志和夜间警示灯带。
◆基坑周边1m范围内不得堆载和停放设备。
◆在基坑边缘与荷载之间应设置护道，基坑深度小于或等于4m时护道的宽度应不小于1m；基坑深度大于4m时护道的宽度应按边坡稳定计算的结果进行适当加宽。
◆基坑的开挖应连续施工，对有支护的基坑应采取防碰撞的措施。

安全的内容一向是考查的重点。

2. 明挖扩大基础基坑坑壁的支护措施及规定

明挖扩大基础基坑坑壁的支护措施及规定　　　　　　　表 1B413040-1

支护措施	规定
挡板支护	基坑较浅且渗水量不大时，可采用竹排、木板、混凝土板或钢板等对坑壁进行支护
	基坑深度小于或等于4m且渗水量不大时，可采用槽钢、H型钢或工字钢等进行支护
	地下水位较高，基坑开挖深度大于4m时，宜采用锁口钢板桩或锁口钢管桩围堰进行支护
喷射混凝土加固	对基坑开挖深度小于10m的较完整中风化基岩，可直接喷射混凝土加固坑壁
锚杆喷射混凝土加固	应在施工前按设计要求进行抗拉拔力的验证试验，并确定适宜的施工工艺
预应力锚索加固	
土钉支护加固	施工前应进行抗拉拔力的验证试验，并制定专项施工方案和施工监控方案

对比五种坑壁的支护措施的相关规定。

3. 桥梁基础施工常用的基坑排水方法

桥梁基础施工常用的基坑排水方法　　　　　　　表 1B413040-2

排水方法	规定
集水坑排水	除严重流沙外，一般集水坑排水均可适用

082

续表

排水方法	规定
井点降水法	宜用于粉矿、细砂、地下水位较高、有承压水、挖基较深、坑壁不易稳定的土质基坑，在无砂的黏质土中不宜采用
	井管的成孔可根据土质分别采用射水成孔或冲击钻机、旋转钻机及水压钻探机成孔
止水帷幕法	对于土质渗透性较大、挖掘较深的基坑，可采用
	将基坑周围土层用硅化法、深层搅拌桩隔水墙、压力注浆、高压喷射注浆、冻结帷幕法等处理成封闭的不透水的帷幕

 大家要注意这个限制条件"除严重流沙外"，一般会作为干扰选项。

4. 一般软弱地基土层加固处理方法

一般软弱地基土层加固处理方法　　　　　表 1B413040-3

方法	内容
换填土法	将基础下软弱土层全部或部分挖除，换填力学物理性质较好的土
挤密土法	用重锤夯实或砂桩、石灰桩、砂井、塑料排水板等方法，使软弱土层挤压密实或排水固结
胶结土法	用化学浆液灌入或粉体喷射搅拌等方法，使土壤颗粒胶结硬化，改善土的性质
土工聚合物法	用土工膜、土工织物、土工格栅与土工合成物等加筋土体，以限制土体的侧向变形，增加土的周压力，有效提高地基承载力

 掌握四种方法的施工做法。

【考点2】桩基础施工（☆☆☆☆☆）[15年、17年单选，15年、20年多选，17年、21年、22年案例]

1. 沉入桩的施工主要方法

图 1B413040-1　沉入桩的施工主要方法

直击考点　多项选择题的命题素材。

2. 沉桩的施工顺序

图 1B413040-2　沉桩的施工顺序

直击考点　这是判断正误型选择题很好的素材。

3. 锤击沉桩施工应符合的规定

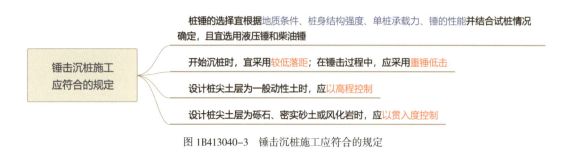

图 1B413040-3 锤击沉桩施工应符合的规定

 着重注意最后两句话。

4. 振动沉桩施工应符合的规定

图 1B413040-4 振动沉桩施工应符合的规定

 整理了可作为命题的两个采分点。

5. 射水沉桩施工应符合的规定

图 1B413040-5 射水沉桩施工应符合的规定

 注意区分锤击与射水的主次。

6. 钻孔灌注桩施工的主要工序

埋设护筒→制备泥浆→钻孔→成孔检查与清孔→钢筋笼制作→钢筋笼吊装→灌注水下混凝土

 考查排序题。

7. 钻孔灌注桩施工埋设护筒的主要作用

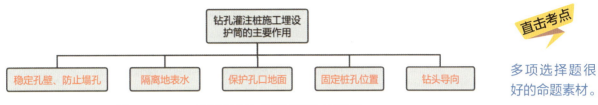

图 1B413040-6　钻孔灌注桩施工埋设护筒的主要作用

直击考点 多项选择题很好的命题素材。

8. 钻孔灌注桩施工钻孔泥浆的主要作用

图 1B413040-7　钻孔灌注桩施工钻孔泥浆的主要作用

直击考点 这也是多项选择题很好的命题素材。

9. 钻孔灌注桩的钻孔施工方法

钻孔灌注桩的钻孔施工方法　　　　　表 1B413040-4

方法	内容
正循环回转钻孔	利用钻具旋转切削土体钻进，泥浆泵将泥浆压进泥浆笼头，通过钻杆中心从钻头喷入钻孔内，泥浆挟带钻渣沿钻孔上升，从护筒顶部排浆孔排出至沉淀池
反循环回转钻孔	与正循环法不同的是，泥浆输入桩孔内，然后泥浆挟带钻渣从钻头的钻杆下口吸进，通过钻杆中心排出至沉淀池内
冲击钻孔	适用于黄土、黏性土或粉质黏土和人工杂填土层，特别适合于在有孤石的砂砾石层、漂石层、硬土层、岩层中使用。一个最重要的关键点就是泥浆护壁
旋挖钻机钻孔	一般适用黏土、粉土、砂土、淤泥质土、人工回填土及含有部分卵石、碎石的地层

直击考点 注意适用范围。

10. 钻孔灌注桩清孔的方法

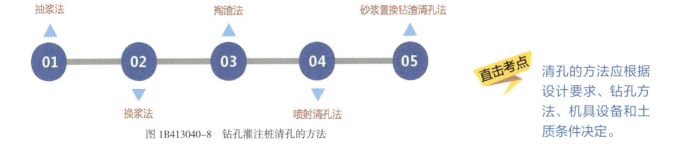

图 1B413040-8　钻孔灌注桩清孔的方法

直击考点 清孔的方法应根据设计要求、钻孔方法、机具设备和土质条件决定。

11. 灌注水下混凝土的施工技术

灌注水下混凝土的施工技术
- 水下混凝土宜采用钢导管灌注，导管内径宜为200~350mm。导管使用前应进行水密承压和接头抗拉试验，严禁采用压气试压
- 水泥可采用火山灰水泥、粉煤灰水泥、普通硅酸盐水泥或硅酸盐水泥，采用矿渣水泥时应采取防离析的措施；粗集料宜选用卵石；细集料宜采用级配良好的中砂
- 混凝土拌合物的坍落度宜为160~220mm
- 水下混凝土的灌注时间不得超过首批混凝土的初凝时间

图 1B413040-9　灌注水下混凝土的施工技术

直击考点　首批混凝土入孔后，应连续灌注，不得中断。

12. 人工挖孔桩桩孔混凝土护壁形式及结构示意图

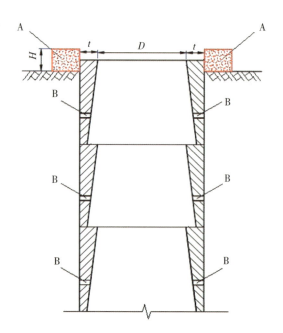

图中，混凝土护壁形式属于内齿式。构造物 A 为孔口护圈（或围挡）。管孔 B 的主要作用为：（1）作为泄水孔；（2）向护壁与桩周间空隙灌注水泥浆的灌浆（或压浆）孔。D（挖孔桩直径）不宜小于1.2m；H 应不小于0.3m。

图 1B413040-10　人工挖孔桩桩孔混凝土护壁形式及结构示意图

13. 挖孔桩施工的技术要求

挖孔桩施工的技术要求
- 人工挖孔施工应制定专项施工技术方案
- 孔口处应设置高出地面不小于300mm的护圈，并应设置临时排水沟
- 挖孔施工时相邻两桩孔不得同时开挖，宜间隔交错跳挖
- 采用混凝土护壁支护的桩孔必须挖一节浇筑一节护壁

图 1B413040-11　挖孔桩施工的技术要求

　这是判断型选择题的命题素材。

【考点3】沉井施工（☆☆☆）

图 1B413040-12　沉井施工

 主要在于选择方法。

【考点4】地下连续墙施工（☆☆☆☆）

1. 地下连续墙导墙的施工规定

图 1B413040-13　地下连续墙导墙的施工规定

 导墙是在施工平台中修建的两道平行墙体，它是地下连续墙施工中重要的临时结构物。有现浇导墙和预制导墙两种形式。

2. 地下连续墙的成槽方法

地下连续墙的成槽方法　　表 1B413040-5

方法	内容
钻劈法	开孔钻尖的直径应大于终孔钻头的直径，副孔长度应合理选择，且宜在主孔终孔后再劈打副孔
钻抓法	宜先采用钻机钻进主孔，再采用抓斗抓取副孔；采用两钻一抓法时，主孔的中心距不宜大于抓斗的开度
抓取法	主孔长度宜等于抓斗开度和一次铣削长度，副孔长度宜为主孔长度的 1/3 ~ 1/2
铣削法	

 了解一下就可以。

1B413050 桥梁下部结构施工技术

【考点1】桥梁承台施工（☆☆☆）[22年案例]

1. 钢围堰设计与施工的一般规定

图 1B413050-1 钢围堰设计与施工的一般规定

 与后续其他围堰的内容对比学习。

2. 钢板桩围堰的施工规定

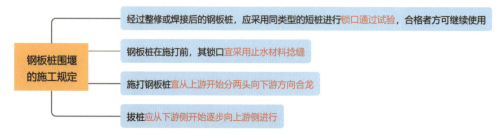

图 1B413050-2 钢板桩围堰的施工规定

 注意打桩和拔桩的顺序。

3. 双壁钢围堰的施工规定

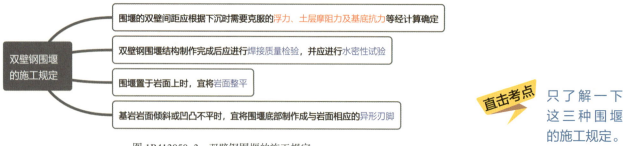

图 1B413050-3 双壁钢围堰的施工规定

直击考点 只了解一下这三种围堰的施工规定。

【考点2】桥梁墩台施工（☆☆☆）

1. 重力式桥台施工

图 1B413050-4　重力式桥台施工

 "宜"的含义是最好，也就是说最好一次连续浇筑完成，但也可以分段或分层浇筑。

2. 加筋土桥台施工

图 1B413050-5　加筋土桥台施工

 "不得"就是绝对不能。

3. 圬工结构墩台施工台背回填施工要求

图 1B413050-6　圬工结构墩台施工台背回填施工要求

 宜采用与不得采用是选择题命题时很好的干扰选项。

1B413060 桥梁上部结构施工技术

【考点1】桥梁上部结构装配式施工（☆☆☆）

1. 装配式预制构件存放的规定

> ◆ 梁、板构件存放时，其支点处应采用垫木和其他适宜的材料进行支承，不得将构件直接支承在坚硬的存放台座上。
> ◆ 预应力混凝土梁、板的存放时间不宜超过3个月，特殊情况下不应超过5个月。
> ◆ 当构件多层叠放时，层与层之间应以垫木隔开。
> ◆ 构件叠放的高度宜按构件强度、台座地基的承载力、垫木强度及叠放的稳定性等经计算确定，大型构件宜为2层，不应超过3层，小型构件宜为6~10层。

  存放的时间和高度是考查的重点。

2. 双导梁架桥机施工工艺流程

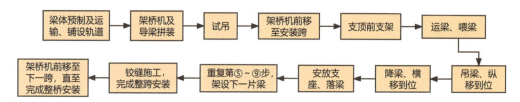

图 1B413060-1　双导梁架桥机施工工艺流程

  工艺流程可以考查什么题型呢？大家想一想，在前面说过。

3. 装配式预制梁（板）的吊装方法

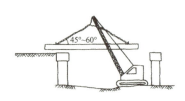

（a）自行式吊机架设法

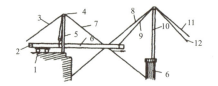

（b）简易型钢导梁纵向移运

1—平车；2—牵引绕至2号绞车；3、7、8、11—风缆；4—牵引绕至3号绞车；
5—木门架；6—导梁；9—牵引钢丝绳；10—人字扒杆；12—牵引绕至1号绞车

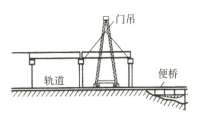

（c）跨墩龙门架架设法

（d）浮运、浮吊架梁

图 1B413060-2　装配式预制梁（板）的吊装方法

4. 预应力混凝土箱梁施工

图 1B413060-3 预应力混凝土箱梁施工

 注意 28d 和 14d 的区别；有两个 80%。

5. 预应力混凝土先简支后连续梁桥工程总体布置图

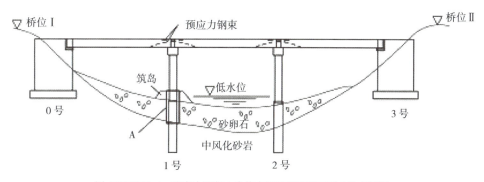

图 1B413060-4 预应力混凝土先简支后连续梁桥工程总体布置图

 预应力混凝土先简支后连续梁桥工程，下部构造为重力式桥台和桩柱式桥墩。图中临时设施 A 是护筒，其作用是稳定孔壁、防止塌孔，还有隔离地表水、保护孔口地面、固定桩孔位置和起到钻头导向作用等。上部结构主要施工工序排序：安装临时支座；架设 T 梁；浇筑横隔板混凝土；现浇 T 梁湿接缝混凝土；浇筑 T 梁接头混凝土；张拉二次预应力钢束；安放永久支座；拆除临时支座。

6. 现浇预应力混凝土连续箱梁桥桩柱梁式支架布置示意图

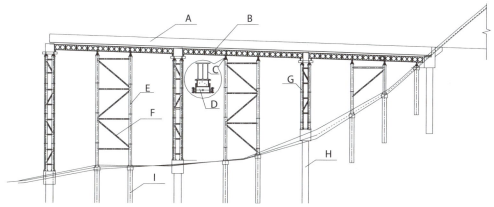

图 1B413060-5 现浇预应力混凝土连续箱梁桥桩柱梁式支架布置示意图

桩柱梁式支架由桩基础、钢管柱、卸落装置、贝雷片、型钢、联接件等组成。型钢、卸落装置、贝雷片对应图中的 A～H 中的编号是：型钢是 C、卸落装置是 D、贝雷片是 B。

7. T梁桥跨横断面示意图

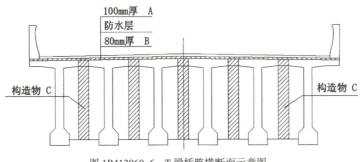

图 1B413060-6　T梁桥跨横断面示意图

图中结构层 A 是沥青混凝土（或水泥混凝土）桥面铺装层，B 是钢筋混凝土现浇调平层，构造物 C 是横隔板湿接缝。

【考点2】桥梁上部结构支架及逐孔施工（☆☆☆）

1. 支架现浇梁单个施工单元施工工艺流程

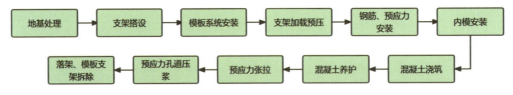

图 1B413060-7　支架现浇梁单个施工单元施工工艺流程

又是一个工艺流程。

2. 用移动支架逐孔现浇施工（移动模架法）

图 1B413060-8　用移动支架逐孔现浇施工（移动模架法）

浇筑的顺序是很好的命题点。

【考点3】桥梁上部结构悬臂施工（☆☆☆☆）[22年单选，21年案例]

1. 桥梁上部结构悬臂拼装施工的几个工艺流程

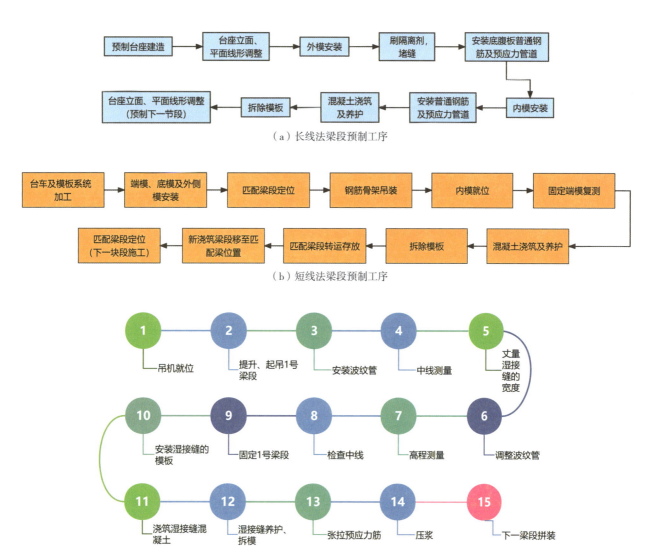

（a）长线法梁段预制工序

（b）短线法梁段预制工序

（c）湿接缝拼装梁段施工程序

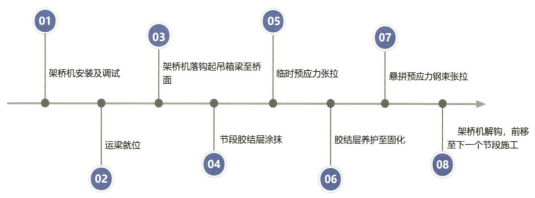

（d）悬臂节段拼装工艺流程图

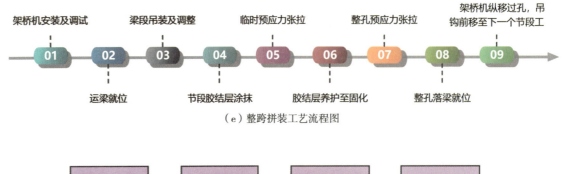

（e）整跨拼装工艺流程图

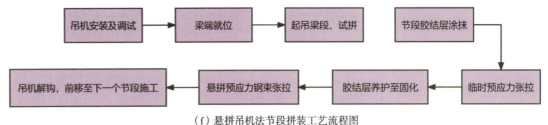

（f）悬拼吊机法节段拼装工艺流程图

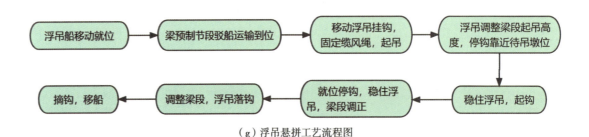

（g）浮吊悬拼工艺流程图

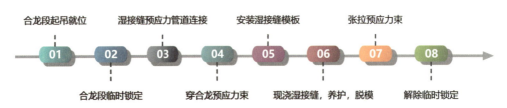

（h）悬臂拼装合龙段施工工艺流程图

图 1B413060-9　桥梁上部结构悬臂拼装施工的几个工艺流程

 以上几个施工工艺流程图要对应着学习和记忆。

2. 悬臂浇筑的几个施工工艺流程

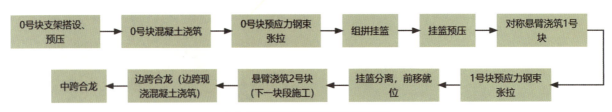

（a）连续刚构桥悬臂浇筑施工流程图

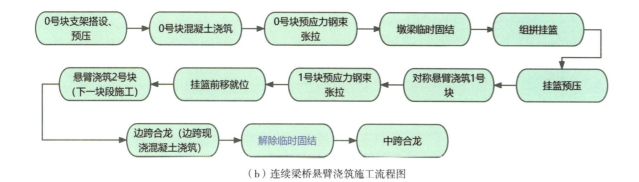

（b）连续梁桥悬臂浇筑施工流程图

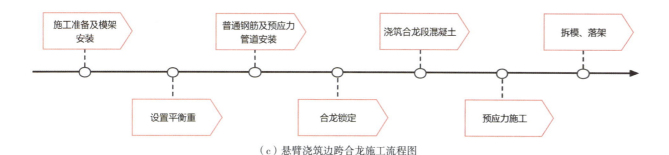

（c）悬臂浇筑边跨合龙施工流程图

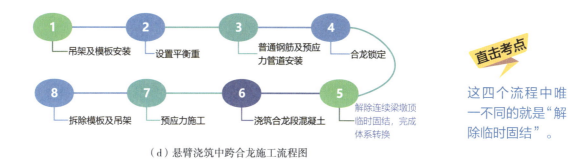

（d）悬臂浇筑中跨合龙施工流程图

图 1B413060-10　悬臂浇筑的几个施工工艺流程

直击考点

这四个流程中唯一不同的就是"解除临时固结"。

3. 0号块采用墩顶混凝土现浇施工临时固结构造示意图

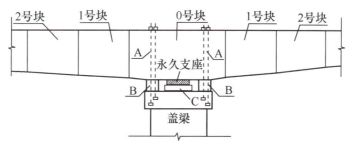

图 1B413060-11　0号块采用墩顶混凝土现浇施工临时固结构造示意图

直击考点　A 结构的名称为预应力锚固钢筋，B 结构的名称为临时支座（混凝土垫块），C 结构的名称为支座垫石。

【考点4】桥梁上部结构顶推施工（☆☆☆☆）

1. 桥梁上部结构顶推施工主要临时设施及机具设备

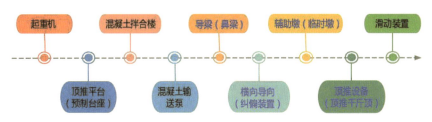

图 1B413060-12　桥梁上部结构顶推施工主要临时设施及机具设备

 这是实务操作和案例分析题很好的命题点，背景资料告诉几种临时设施及机具设备，让我们来补充完善。

2. 桥梁上部结构顶推法施工工序

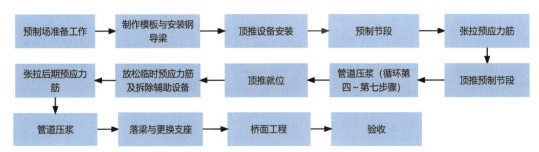

图 1B413060-13　桥梁上部结构顶推法施工工序

 注意第四～第七步骤是循环的。

3. 桥梁上部结构顶推法施工要点

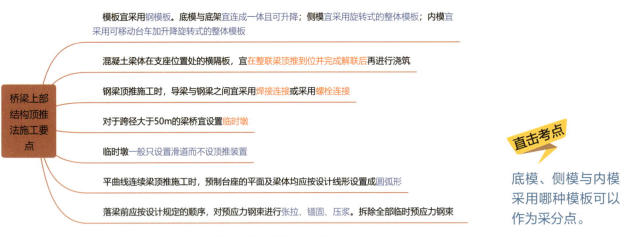

图 1B413060-14　桥梁上部结构顶推法施工要点

直击考点

底模、侧模与内模采用哪种模板可以作为采分点。

【考点5】桥梁上部结构转体施工（☆☆☆）[18年单选]

1. 桥梁上部结构转体施工方法和适用范围

桥梁上部结构转体施工方法和适用范围
- 上部结构转体施工是跨越深谷、急、流、铁路和公路等特殊条件下的有效施工方法
- 平转施工主要适用于刚构梁式桥、斜拉桥、钢筋混凝土拱桥及钢管拱桥
- 竖转施工主要适用于转体重量不大的拱桥或某些桥梁预制部件（塔、斜腿、劲性骨架）

图 1B413060-15　桥梁上部结构转体施工方法和适用范围

这是单项选择题很好的采分点。

图 1B413060-16　竖转施工

2. 桥梁上部结构有平衡重平转体施工

桥梁上部结构有平衡重平转体施工
- 对跨径较大、转动体系重心较高的拱桥，宜采用环道与中心支承相结合的转盘结构
- 对中、小跨径的拱桥，可采用中心支承的转盘结构
- 采用内、外锚扣体系时，扣索安全系数应大于2
- 转体合龙应在当日最低温度时进行

图 1B413060-17　桥梁上部结构有平衡重平转体施工

最高与最低往往是互相干扰选项。

3. 桥梁上部结构无平衡重平转体施工

桥梁上部结构无平衡重平转体施工
- 无平衡重转体施工具有锚固、转动、位控三大体系
- 张拉尾索时，两组尾索应按上下左右对称、均衡的原则
- 扣索分级张拉时，应对称于拱体按由下向上的次序进行
- 合龙口混凝土符合设计规定的强度或达到设计强度的85%后，应按对称均衡的原则，分级卸除扣索

图 1B413060-18　桥梁上部结构无平衡重平转体施工

我们很多时候看到的是"达到设计强度的75%"，但这里是85%。

【考点6】桥梁上部结构缆索吊装施工（☆☆☆☆）[21年单选，19年案例]

1. 桥梁上部结构缆索吊装施工主要施工设备

缆索吊机塔架、缆索吊机主索（承重索）、起重索、牵引索、扣索、工作索、风缆、横移索、跑车（天车、骑马滑车）、索鞍和锚碇等。

 一般是多项选择题或实务操作和案例分析题的采分点。

图 1B413060-19　缆索吊装施工

2. 桥梁上部结构缆索吊装施工工序

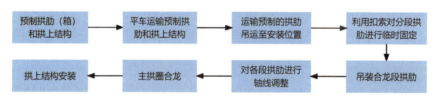

图 1B413060-20　桥梁上部结构缆索吊装施工工序

 又一个施工工序。

3. 桥梁上部结构缆索吊装施工中的注意要点

 又出现一个85%。

- ◆ 主塔和扣塔宜采用常备式定型钢构件在墩、台顶上拼装。
- ◆ 主缆宜采用钢丝绳，安全系数应不小于3；抗风钢丝绳的安全系数应不小于2；起吊绳的安全系数应不小于5；牵引绳的安全系数应不小于3；钢丝绳扣索的安全系数应不小于3，钢绞线扣索的安全系数应大于2。
- ◆ 松索应按拱脚段扣索、次拱脚段扣索、起重索三者的先后顺序，并按比例定长、对称、均匀地松卸。
- ◆ 拱肋接头的焊接作业应在调整完轴线偏差、嵌塞并压紧接头缝钢板之后且全部松索成拱之前进行。
- ◆ 当拱肋接头混凝土及拱肋横向联结构件混凝土的强度符合设计规定或达到设计强度的85%时，方可开始卸架。
- ◆ 在严寒地区，主拱圈不宜在支架上过冬，支架宜在冰冻前拆除。

【考点 7】桥梁改建施工（☆☆☆）

新旧桥梁上部结构拼接连接方式

新旧桥梁上部结构拼接连接方式　　　　表 1B413060-1

桥梁类型	连接方式
钢筋混凝土实心板和预应力混凝土空心板桥	新旧板梁拼接之间宜采用铰接或近似于铰接连接
预应力混凝土 T 梁或组合 T 梁桥	新旧 T 梁之间拼接宜采用刚性连接
连续箱梁桥	新旧箱梁之间拼接宜采用铰接连接

 不同类型的桥梁，其连接方式有所不同。

【考点 8】桥梁施工监控（☆☆☆）

1. 桥梁施工控制方法

桥梁施工控制方法　　　　表 1B413060-2

方法	内容
事后控制法	通过一定手段对其进行调整后达到要求，现已应用不多
预测控制法	对产生主梁线形偏差的因素跟踪控制，随时纠偏，最终达到理想线形，这种方法常用卡尔曼滤波法和灰色理论等
自适应控制法	通过系统识别或参数估算，不断修正参数，使设计输出与实际输出相符，从而得到控制
最大宽容度控制法	在设计时给予主梁标高和内力最大的宽容度

 对比一下四种方法的不同。

2. 影响桥梁施工控制的因素

图 1B413060-21　影响桥梁施工控制的因素

 结构参数包括材料密度、结构部件截面尺寸、材料弹性模量、材料的热膨胀系数、施工荷载及预加应力或索力等，监测包括温度、应力和变形监测等内容。

1B413070 大跨径桥梁施工

【考点1】刚构桥施工（☆☆☆）

- ◆ 挂篮由主桁架、悬吊系统、锚固系与平衡重、行走系统以及工作平台底模架等所组成。
- ◆ 浇筑顶板及翼板混凝土时，应从外侧向内侧一次完成。
- ◆ 悬臂拼装主要工序包括块件预制、移运、整修、吊装定位、预应力张拉、施工接缝处理等。
- ◆ 湿接缝用高强细石混凝土，胶接缝则采用环氧树脂为接缝料。

 主要学习这四句话。

【考点2】拱桥施工（☆☆☆）

1. 拱（支）架上现浇混凝土拱圈

 第二条很重要。

拱（支）架上现浇混凝土拱圈
- 跨径较小的拱圈或拱肋应按拱圈的全宽从两端拱脚向拱顶对称地连续浇筑混凝土，并应在拱脚混凝土初凝前全部完成
- 跨径较大的拱圈或拱肋，应沿拱跨方向分段对称浇筑，分段的位置应以拱架受力对称、均匀和变形小为原则，且宜设置在拱顶、L/4部位、拱脚及拱架节点等处
- 大跨径钢筋混凝土箱形拱圈组装和现浇均应从两拱脚向拱顶对称进行
- 拱圈的底、腹板混凝土强度达到设计强度的85%方可安装盖板，铺设钢筋，现浇顶板混凝土

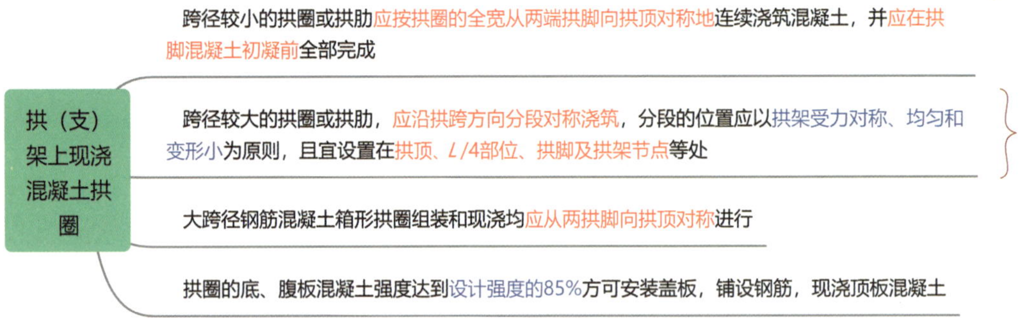

图 1B413070-1 拱（支）架上现浇混凝土拱圈

2. 石拱桥施工技术

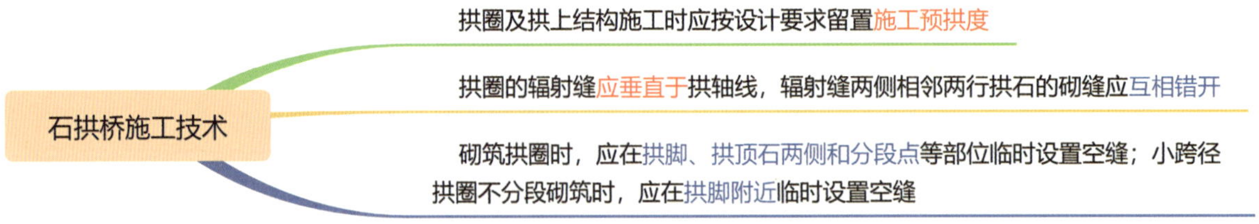

石拱桥施工技术
- 拱圈及拱上结构施工时应按设计要求留置施工预拱度
- 拱圈的辐射缝应垂直于拱轴线，辐射缝两侧相邻两行拱石的砌缝应互相错开
- 砌筑拱圈时，应在拱脚、拱顶石两侧和分段点等部位临时设置空缝；小跨径拱圈不分段砌筑时，应在拱脚附近临时设置空缝

图 1B413070-2 石拱桥施工技术

 了解一下。

【考点3】钢桥施工（☆☆☆）

1. 钢桥架设安装主要方法及适用范围

钢桥架设安装主要方法及适用范围　　　　表1B413070-1

主要方法	适用范围
自行吊机整孔架设法	适宜于架设短跨径的钢板梁
门架吊机整孔架设法	适于地面或河床无水、少水，现场能修建低路堤、栈桥、上铺轨道的条件
浮吊架设法	适于河水较深、备有大吨位浮吊的条件
支架架设法	适于桥下净空不高、水深较浅的条件，可用于架设各种跨径、各种类型的钢桥
缆索吊机拼装架设法	适于各种地形、地质、水文条件，可架设各类梁桥、拱桥、刚构桥和加劲钢梁等
转体架设法	适于地形相宜、桥下有交通通行的条件，可用于中等跨径的梁桥
顶推滑移架设法	适于桥头路基或引桥上能够拼装钢梁的条件，宜于短距离纵向桥梁或横移法架梁以及横移更换旧梁，可架设单孔或多孔梁桥
拖拉架设法	适于河滩无水或水深较浅、易于建立支墩或桥头路基或引桥上能够拼装钢梁及平移梁的条件
浮运架设法	适于深水河流或滨海河流处，可架设各类大跨径钢桥
浮运拖拉架设法与浮运平转架设法	适于深水河流或滨海河流处，可架设各类大跨径钢桥
悬臂拼装架设法	适于各类地形、水文、通航、墩高等条件，是架设钢桥的主要方法之一

 11种钢桥架设安装主要方法，是单项选择题的采分点。

2. 钢桥构件涂装

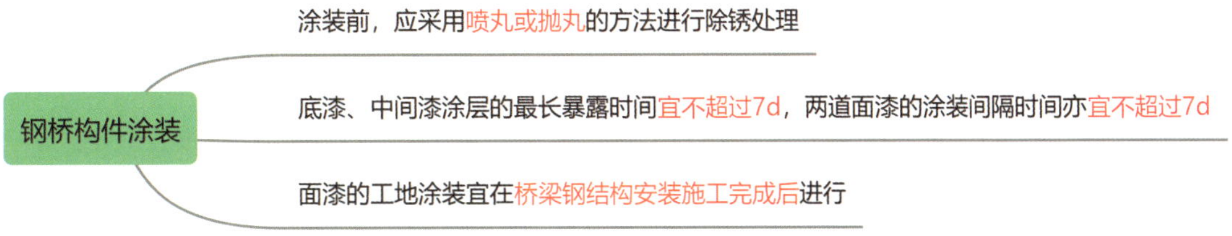

涂装前，应采用喷丸或抛丸的方法进行除锈处理

钢桥构件涂装　　底漆、中间漆涂层的最长暴露时间宜不超过7d，两道面漆的涂装间隔时间亦宜不超过7d

面漆的工地涂装宜在桥梁钢结构安装施工完成后进行

图1B413070-3　钢桥构件涂装

 注意两个"7d"。

3. 桥梁钢结构安装时的高强度螺栓连接施工规定

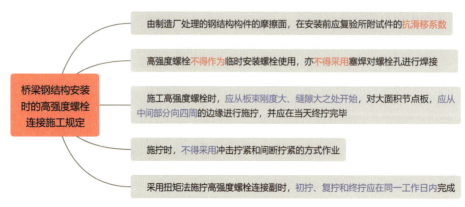

图 1B413070-4　桥梁钢结构安装时的高强度螺栓连接施工规定

 注意三个"不得"。

4. 桥梁钢结构在工地焊接连接时的规定

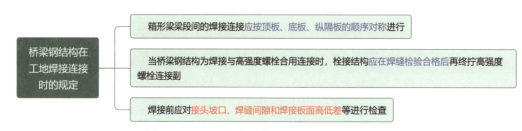

图 1B413070-5　桥梁钢结构在工地焊接连接时的规定

 实务操作和案例分析题很可能会考查。

 标注（△）的项目为关键项。这是多项选择题或实务操作和案例分析题的命题素材。

5. 钢桥质量检查与检验实测项目

钢桥质量检查与检验实测项目　　　　表 1B413070-2

构件	实测项目
钢板梁制作	梁高；跨度；梁长；纵、横梁旁弯；拱度；平面度；主梁、纵横梁盖板对腹板的垂直度；焊缝尺寸；焊缝探伤（△）；高强度螺栓扭矩（△）
钢桁架节段制作	节段长度；节段高度；节段宽度；节间长度；对角线长度差；桁片平面度；拱度；焊缝尺寸；焊缝探伤（△）；高强度螺栓扭矩（△）
钢箱梁制作	梁高（△）；跨度；全长；腹板中心距（△）；横断面对角线差；旁弯；拱度；腹板平面度；扭曲；对接错边；焊缝尺寸；焊缝探伤（△）；高强度螺栓扭矩（△）
钢梁安装	轴线偏位；高程；固定支座处支承中心偏位；焊缝尺寸；焊缝探伤（△）；高强度螺栓扭矩（△）
钢梁防护涂装	除锈等级（△）；粗糙度（△）；总干膜厚度；附着力

【考点4】斜拉桥施工（☆☆☆☆☆）[17年单选，21年多选，13年案例]

1. 斜拉桥施工介绍

> ◆由承压的塔、受拉的索和承弯的梁组合起来的一种结构体系，比梁式桥的跨越能力更大，是大跨度桥梁的主要桥型。
> ◆按主梁的受力状态分为漂浮体系、支承体系、塔梁固结体系和刚构体系。
> ◆按主梁材料分为钢斜拉桥、混凝土斜拉桥、结合梁斜拉桥、混合梁斜拉桥和钢管混凝土斜拉桥。
> ◆索塔施工时，应对其平面位置、倾斜度、应力和线形等进行监测和控制。
> ◆上部结构施工时，应对其施工过程中的索力、高程以及索塔偏位等参数进行监测和控制。

 这些内容基本都是多项选择题的命题素材。

2. 斜拉桥索塔施工要点

斜拉桥索塔施工要点　　　　　　表1B413070-3

类型	施工要点
混凝土索塔	塔座与承台、塔柱与塔座之间浇筑混凝土的间隔时间，间歇期宜不大于15d
	每一节段现浇混凝土的养护时间应不少于7d
钢锚梁	安装方式宜结合其结构构造特点、起重设备的能力及现场的实际情况综合确定
钢锚箱	首节钢锚箱在精确定位时宜采用三维调节装置
钢索塔	对钢索塔节段安装的精确定位控制测量，宜选择在日落后4h至日出前2h

 索塔的构造材料主要有钢结构、混凝土结构、预应力混凝土结构等。裸塔施工宜用爬模法，横梁较多的高塔宜用劲性骨架挂模提升法。裸塔现浇施工主要采用翻模、滑模、爬模施工方法。

3. 斜拉桥主梁的施工要点

斜拉桥主梁的施工要点　　　　　　表1B413070-4

类型	施工要点
悬臂浇筑法施工	挂篮应满足使用期的强度和稳定性要求
悬臂拼装法施工	湿接头混凝土宜采用微膨胀低收缩混凝土
钢主梁的施工	在内、外腹板位置，高度方向和宽度方向的拼接错口宜不大于2mm
主梁的合龙施工	对合龙前最后若干个悬臂施工梁段的高程、线形、轴线偏差及索力应进行严格控制

 主梁施工方法与梁式桥基本相同，大体分四种：顶推法；平转法；支架法（临时支墩拼装、支架上现浇）；悬臂法（悬臂拼装、悬臂浇筑）。

103

【考点5】悬索桥施工（☆☆☆☆）[13年、20年单选，17年、19年多选]

1. 地锚式和自锚式悬索桥

地锚式和自锚式悬索桥　　　　　　　　　　　　　　　　　表1B413070-5

地锚式悬索桥	自锚式悬索桥
主缆通过锚碇将拉力传给地基	加劲梁直接承受主缆传来的水平分力
是大跨度悬索桥最佳受力模式	跨度不宜太大
锚碇处要求地基承载力大	适用于两岸地基承载力较差，特别是软土地区的桥位

 悬索桥可按主缆锚固方式、主缆线形、悬吊跨数、悬吊方式、支撑结构等方式分类。按主缆锚固方式分为地锚式和自锚式悬索桥。

2. 悬索桥施工主要工艺流程

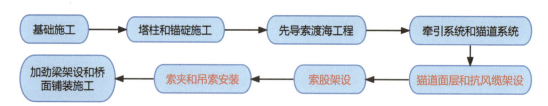

图1B413070-6　悬索桥施工主要工艺流程

 对于施工工艺流程的内容，主要考查排序题。

3. 型钢锚固系统与预应力锚固系统施工程序

型钢锚固系统施工程序：锚杆、锚梁制作→现场拼装锚支架（部分）→安装后锚梁→安装锚杆于锚支架→安装前锚梁→精确定位→浇筑锚体混凝土。

预应力锚固系统施工程序：基础施工→安装预应力管道→浇筑锚体混凝土→穿预应力筋→安装锚固连接器→预应力筋张拉→预应力管道压浆→安装与张拉索股。

 对比学习。

4. 悬索桥锚碇施工

图 1B413070-7　悬索桥锚碇施工

 "逆作法"进行基坑开挖时必须进行施工监测的内容是很好的多项选择题的命题素材。

5. 悬索桥猫道施工

图 1B413070-8　悬索桥猫道施工

 猫道的线形宜与主缆空载时的线形基本平行，猫道在桥纵向应左右对称于主缆中心线布置，猫道间宜设置若干条横向人行通道。

1B413080 桥梁工程质量通病及防治措施

【考点1】钻孔灌注桩断桩的防治（☆☆☆）

钻孔灌注桩断桩的防治　　　　　　　　　　表 1B413080-1

原因分析	防治措施
集料级配差；混凝土坍落度小；石料粒径过大，导管直径较小	关键设备和材料准备充足，保证连续灌注
测量及计算错误，使首批灌注的混凝土不能埋住导管	混凝土坍落度要控制在 16~22cm
盲目提拔导管使导管提拔过量	钢筋笼制作一般要采用对焊
提拔导管时，钢筋笼卡住导管	导管的直径尽量采用大直径导管
导管接口渗漏致使泥浆进入导管内	下导管时，其底口距孔底的距离控制在 25~40cm
导管埋置深度过深，无法提起或将导管拔断	严禁不经测量和计算而盲目提拔导管
由于机械故障、停电、塌孔、材料供应不足等造成混凝土不能连续灌注	当混凝土堵塞导管时，可采用拔插抖动导管，当钢筋笼卡住导管时，可设法转动导管

 这是多项选择题或实务操作和案例分析题的命题点。

【考点2】钢筋混凝土梁桥预拱度偏差的防治（☆☆☆）[16年案例]

钢筋混凝土梁桥预拱度偏差的防治　　　　表 1B413080-2

原因分析	防治措施
现浇梁：对地基在荷载作用下的沉陷、支架弹性变形和混凝土梁挠度的计算所依据的一些参数均是建立在经验值上的，因此计算得到的预拱度往往与实际发生的有一定的差距。 预制梁：一方面由于混凝土强度的差异、混凝土弹性模量不稳定导致梁的起拱值的不稳定、施加预应力时间差异、架梁时间不一致；另一方面，理论计算公式本身是建立在一些试验数据的基础上的，理论计算与实际本身存在偏差	提高施工质量，并按要求进行预压，按要求设置支架预拱度 及时调整预拱度误差 严格控制张拉时的混凝土强度 严格控制预应力筋在结构中的位置 钢绞线伸长值的计算应采用同批钢绞线弹性模量的实测值。预制梁存梁时间不宜过长

 同样是多项选择题或实务操作和案例分析题的命题点。

【考点3】箱梁两侧腹板混凝土厚度不均的防治（☆☆☆）[21年案例]

箱梁两侧腹板混凝土厚度不均的防治　　　　表 1B413080-3

原因分析	防治措施
箱梁模板设计不合理	内模要坚固，刚度符合相关施工规范要求
模板强度不足，或箱梁内模没有固定牢固，使内模与外模相对水平位置发生偏差	将箱梁内模固定牢固，使其上下左右均不能移动
箱梁内模由于刚度不够，在浇筑混凝土过程中发生变形	内模与外模在两侧腹板部位设置支撑
混凝土没有对称浇筑，由于单侧压力过大，使内模偏向另一侧	浇筑腹板混凝土时，两侧应对称进行

 这个内容在21年的实务操作和案例分析题中考核过。

【考点4】钢筋混凝土结构构造裂缝的防治（☆☆☆☆）[13年单选]

钢筋混凝土结构构造裂缝的防治　　　　表 1B413080-4

原因分析		防治措施
材料	水泥安定性不合格	选用优质的水泥及优质骨料，合理设计混凝土的配合比，改善集料级配、降低水胶比、掺加粉煤灰等掺合料、掺加缓凝剂；尽可能采用较小水胶比及较低坍落度的混凝土
	集料含泥料过大	
	集料为风化性材料	

106

续表

原因分析		防治措施
施工	搅拌时间和运输时间过长	避免混凝土搅拌很长时间后才使用
	模板移动鼓出	加强模板的施工质量
	基础与支架的强度、刚度、稳定性不够	基础与支架应有较好的强度、刚度、稳定性并应采用预压措施
	接头处理不当	—
	大风、干燥天气养护不好	要及时养护并加强养护工作
	混凝土高度突变以及钢筋保护层较薄部位振捣或析水过多	混凝土浇筑时要振捣充分
	未采用缓凝和降低水泥水化热的措施、使用了早强水泥的混凝土	应优选矿渣水泥等低水化热水泥
	水胶比大的混凝土，由于干燥收缩，在龄期2～3个月内产生裂缝	采用遮阳凉棚的降温措施、布置冷却水管等措施，以降低混凝土水化热、推迟水化热峰值出现

 原因分析与防治措施对照学习。

【考点5】悬臂浇筑钢筋混凝土箱梁的施工（挠度）控制（☆☆☆☆）

悬臂浇筑钢筋混凝土箱梁的施工（挠度）控制　　　表1B413080-5

原因分析	防治措施
混凝土重力密度的变化、截面尺寸的变化	对挂篮进行加载试验，消除非弹性变形
混凝土弹性模量随时间的变化	在0号块箱梁顶面建立相对坐标系，控制立模标高值
混凝土的收缩徐变规律与环境的影响	—
日照及温度变化也会引起挠度的变化	温度控制：在梁体上布置温度观测点进行观测，获得较准确的温度变化规律
张拉有效预应力的大小	应力观测：在施工过程中测试截面的应力变化与应力分布情况
结构体系转换以及桥墩变位也会对挠度产生影响	挠度观测：在一天中温度变化相对小的时间，在箱梁的顶底板布置测点，测立模时、混凝土浇筑前（后）、预应力束张拉前（后）的标高
施工临时荷载对挠度的影响	严格控制施工过程中不平衡荷载的分布及大小

 注意"温度控制""应力观测""挠度观测"的做法。

107

【考点6】桥面铺装病害的防治（☆☆☆☆）[13年多选]

桥面铺装病害的防治　　　　　　　　　　　　　表 1B413080-6

原因分析	防治措施
梁体预拱度过大，桥面铺装设计厚薄难以调整施工允许误差	加强对主梁的施工质量控制，避免出现预拱度过大
施工质量控制不严，桥面铺装混凝土质量差	加强桥面铺装施工质量控制，严格控制钢筋网的安装
桥头跳车和伸缩缝破坏引起的连锁破坏	—
桥梁结构的大变形引起沥青混凝土铺装层的破坏	—
水害引起沥青混凝土铺装的破坏	提高桥面防水混凝土的强度，避免出现防水混凝土层破坏
铺装防水层破损导致桥面铺装的破坏	应加强桥面排水的设计和必要的水量计算

 该知识点的原因分析很重要。

【考点7】桥梁伸缩缝病害的防治（☆☆☆）

 从设计、施工和管理维护三个方面分析了原因。

桥梁伸缩缝病害的防治　　　　　　　　　　　表 1B413080-7

	原因分析	防治措施
设计	将伸缩缝的预埋钢筋锚固于刚度薄弱的桥面板中	精心设计，选择合理的伸缩装置
	伸缩设计量不足，以致伸缩缝选型不当	
	设计对伸缩装置两侧的填充混凝土、锚固钢筋设置、质量标准未做出明确的规定	
	对于大跨径桥梁伸缩结构设计技术不成熟	—
	对于锚固件胶结材料选择不当，导致金属结构锚件锈蚀，最终损坏伸缩缝装置	—
施工	施工工艺缺陷	提高对桥梁伸缩装置施工工艺的重视程度，严格按施工工序和工艺标准的要求施工
	锚件焊接内在质量	提高锚固件焊接施工质量
	赶工期忽视质量检查	—
	伸缩装置两侧填充混凝土强度、养护时间、粘结性和平整度未能达到设计标准	加强填缝混凝土的振捣密实，确保混凝土达到设计强度标准
	伸缩缝安装不合格	避免伸缩装置两侧的混凝土与桥面系的相邻部位结合不紧密
管理维护	填充到伸缩缝内的外来物未能及时清除，限制伸缩缝功能导致额外内力形成	—
	轻微的损害未能及时维修，加速了伸缩缝的破坏	—
	超重车辆上桥行驶，给伸缩缝的耐久性带来威胁	—

【考点8】桥头跳车的防治（☆☆☆）

1. 桥头跳车的防治

桥头跳车的防治 表1B413080-8

原因分析	防治措施
台后地基强度与桥台地基强度不同、台后填料自然固结压缩	采用先进的台后填土施工工艺。选用合适的压实机具，确保台后及时回填，回填压实度达到要求
桥头路堤及堆坡范围内地基填筑前处理不彻底	改善地基性能，提高地基承载力，减少差异沉降
台后压实度达不到标准，高填土引道路堤本身出现的压缩变形	采用砂石料等固结性好、变形小的填筑材料处理桥头填土
路面水渗入路基，使路基土软化，水土流失造成桥头路基引道下沉；回填不及时，积水而引起的桥头回填土压实度不够	做好桥头路堤的排水、防水工程，设置桥头搭板
台后沉降大于设计容许值	优化设计方案、采用新工艺加固路堤
台后填土材料不当，或填土含水量过大	—
软基路段台前预压长度不足，软基路段桥头堆载预压卸载过早，软基路段桥头处软基处理深度不到位	—

 这几种质量通病，每年可能会考查一种。

2. 桥头处治示意图

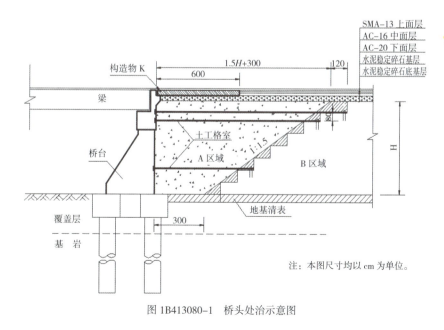

图1B413080-1 桥头处治示意图

 为减少桥头不均匀沉降，防止桥头跳车，桥台与路堤交接处按图1B413080-1施工，主要施工内容包括：地基清表、挖台阶、A区域分层填筑、铺设土工格室、设置构造物K、路面铺筑等。A区域应采用透水性材料、轻质材料、无机结合料；B区域为已经填筑完成的路堤填筑区域。构造物K的名称为：桥头搭板。

1B414000 隧道工程

1B414010 隧道围岩分级与隧道构造

【考点1】隧道围岩分级（☆☆☆☆）[22年多选，13年、20年案例]

1. 隧道围岩分级的作用

> ◆是设计、施工的基础。
> ◆是施工方法的选择、衬砌结构类型及尺寸的确定、隧道施工劳动定额、材料消耗标准的制定的主要依据。

 重点在第二句话。

2. 公路隧道围岩分级

公路隧道围岩分级　　　　表 1B414010-1

围岩级别	Ⅰ	Ⅱ	Ⅲ	Ⅳ	Ⅴ
围岩基本质量指标 BQ	＞550	550～451	450～351	350～251	＜250

 注意250、350、450、550这四个数，BQ值每减少100，围岩级别降低一级。

3. 应对岩体基本质量指标 BQ 进行修正情况

图 1B414010-1　应对岩体基本质量指标 BQ 进行修正情况

 这是多项选择题的命题素材。

【考点2】公路隧道的构造（☆☆☆☆）[13年单选，13年多选，21年案例]

1. 公路隧道按跨度的分类

公路隧道按跨度的分类　　　　表 1B414010-2

按跨度分类	开挖宽度 B(m)	说明
小跨度隧道	B＜9	平行导洞、服务隧道、车行横洞、人行横洞、风道及施工通道

续表

按跨度分类	开挖宽度 B(m)	说明
一般跨度隧道	$9 \leq B < 14$	单洞双车道隧道
中等跨度隧道	$14 \leq B < 18$	单洞三车道隧道、单洞双车道+紧急停车带隧道
大跨度隧道	$B \geq 18$	单洞四车道隧道、单洞三车道+紧急停车带隧道、其他跨度大于18m的隧道

 根据开挖宽度判断属于哪种类型的隧道。

2. 公路隧道按长度的分类

公路隧道按长度的分类　　表 1B414010-3

隧道分类	特长隧道	长隧道	中隧道	短隧道
隧道长度 L(m)	$L > 3000$	$1000 < L \leq 3000$	$500 < L \leq 1000$	$L \leq 500$

 根据隧道长度判断属于哪种类型的隧道。

3. 洞门与洞身的类型

洞门与洞身的类型　　表 1B414010-4

项目	类型
洞门类型	端墙式洞门、翼墙式洞门、环框式洞门、柱式洞门、台阶式洞门、削竹式洞门、遮光式洞门等
明洞类型	主要分为拱式明洞和棚式明洞两大类
拱式明洞类型	按荷载分布可分为路堑对称型、路堑偏压型、半路堑偏压型和半路堑单压型
棚式明洞类型	按构造可分为墙式、刚架式、柱式和悬臂式等
洞身类型	按隧道断面形状分为曲墙式、直墙式和连拱式等

 全部是分类的知识点。

（a）端墙式洞门　　（b）翼墙式洞门

图 1B414010-2　洞门

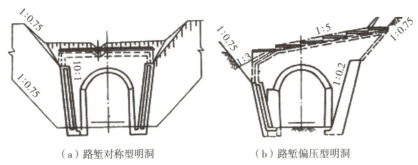

(a)路堑对称型明洞　　　　　(b)路堑偏压型明洞

图 1B414010-3　明洞

1B414020　隧道地质超前预报和监控量测技术

【考点1】隧道地质超前预报（☆☆☆☆）[19年、21年单选]

1. 公路隧道地质超前预报方法

公路隧道地质超前预报方法　　　　　　　　　　　　　　　表 1B414020-1

方法	说明
地质调查法	适用于各种地质条件隧道超前地质预报，调查内容应包括隧道地表补充地质调查和隧道内地质调查
超前钻探法	富水构造破碎带、富水岩溶发育地段、煤系或油气地层、瓦斯发育区、采空区以及重大物探异常地段等地质复杂隧道和水下隧道必须采用超前钻探法预报
物理勘探法（TSP法、TGP法和TRT法）	适用于长、特长隧道或地质条件复杂隧道的超前地质预报，主要方法包括弹性波反射法、地质雷达法、陆地声呐法、红外探测法、瞬变电磁法、高分辨直流电法
	TSP法适用于各种地质条件
	地质雷达法适用于岩溶、采空区探测，也可用于探测断层破碎带、软弱夹层等不均匀地质体
超前导洞法	可采用平行超前导洞法和隧道内超前导洞法，两座并行隧道可根据先行开挖的隧道预测后开挖隧道的地质条件
水力联系观测	当隧道排水或突涌水对地下水资源或周围建（构）筑物产生重大影响时，应进行水力联系观测

　每个方法的适用范围是重点。

（a）超前钻探法　　　　（b）TSP法

图 1B414020-1　公路隧道地质超前预报方法

2. 公路隧道地质超前预报的分级与分类

公路隧道地质超前预报的分级与分类　　　　表 1B414020-2

地质灾害分级	危害程度	预报分级	预报方式
A级	存在重大地质灾害隐患的地段	1级预报	地质调查法、地震波反射法、超声波反射法、陆地声呐法、地质雷达法、瞬变电磁法、红外探测法、超前水平钻探法等
B级	存在中、小型突水突泥隐患的地段	2级预报	地质调查法、地震波反射法、陆地声呐法、超声波反射法，辅以红外探测法、瞬变电磁法、地质雷达法
C级	水文地质条件较好的碳酸盐岩及碎屑岩地段、小型断层破碎带，发生突水突泥的可能性较小	3级预报	以地质调查法为主，必要时采用红外探测和超前水平钻孔
D级	发生突水突泥的可能性极小	4级预报	采用地质调查法

 地质灾害分级、危害程度、预报分级与预报方式是一一对应的。

3. 超前地质预报按预报长度的分类

超前地质预报按预报长度的分类　　　　表 1B414020-3

按预报长度分类	预报长度	方法
短距离预报	小于 30m	可采用地质调查法、地质雷达法及超前钻探法等
中距离预报	大于或等于 30m 并小于 100m	可采用地质调查法、弹性波反射法及超前钻探法等
长距离预报	大于或等于 100m	可采用地质调查法、弹性波反射法及超前钻探法等

 根据预报长度确定了类型，再确定预报方法。

【考点2】隧道施工监控量测技术（☆☆☆）

 选测项目应根据设计要求、隧道断面形状、大小和埋深、围岩条件、周边环境条件、支护类型和参数、施工方法等综合选择。

1. 隧道施工监控量测内容

隧道施工监控量测内容　　　　表 1B414020-4

量测项目	项目名称
必测项目	洞内、外观察；周边位移；拱顶下沉；地表下沉；拱脚下沉
选测项目	钢架内力及外力；围岩内部位移（洞内设点）；围岩内部位移（地表设点）；围岩压力；两层支护间压力；锚杆轴力；支护、衬砌内应力；围岩弹性波速度；爆破震动；渗水压力、水流量；地表下沉；地表水平位移

2. 隧道施工监控量测情况

隧道施工监控量测情况　　　　　　　　　　表 1B414020-5

情况	量测项目
隧道开挖后	应及时进行围岩、初期支护的周边位移量测，拱顶下沉量测
安设锚杆后	应进行锚杆抗拔力试验
当围岩差、断面大或地表沉降控制严时	宜进行围岩体内位移量测和其他量测
位于Ⅳ~Ⅵ级围岩中且覆盖层厚度小于 40m 的隧道	应进行地表沉降量测

 不同的情况需要进行不同的量测项目。

1B414030 公路隧道施工技术

【考点1】公路隧道洞口、明洞施工（☆☆☆☆）[20年单选，22年案例]

1. 隧道洞口施工规定

隧道洞口施工规定　　　　　　　　　　表 1B414030-1

技术	施工规定
土石方的开挖与防护	洞口边坡及仰坡应自上而下开挖，不得掏底开挖或上下重叠开挖
	宜采用人工配合机械开挖，严禁采用大爆破
	临时防护应视地质条件、施工季节和施工方法等，及时采取喷锚等措施
洞口截排水	洞口截排水设施应在雨期和融雪期之前完成
	截水沟迎水面不得高于原地面，回填应密实不易被水掏空
	截水沟应采取防止渗漏和变形的措施

 注意"不得""严禁"，这是很好的选择题的干扰选项。

2. 明洞工程施工规定

明洞工程施工规定　　　　　　　　　　表 1B414030-2

技术	施工规定
明洞边墙基础	基础混凝土灌注前必须排除坑内积水，边墙基础完成后应及时回填
明洞回填	明洞拱背回填应在外模拆除，防水层和排水盲管施工完成后进行

续表

技术	施工规定
明洞回填	明洞两侧回填水平宽度小于 1.2m 的范围应采用浆砌片石或同级混凝土回填
	回填材料不宜采用膨胀岩土
	回填顶面 0.2m 可用耕植土回填
	墙背回填应两侧对称进行
	单侧设有反压墙的明洞回填应在反压墙施工完成后进行
	回填时不得倾填作业

 该知识点的重点在明洞回填的施工规定。

【考点2】公路隧道开挖（☆☆☆☆☆）[20年、22年单选，20年、21年、22年案例]

1. 公路隧道主要开挖方式及适用范围

公路隧道主要开挖方式及适用范围　　　表 1B414030-3

开挖方式	适用范围
全断面法	适用于Ⅰ～Ⅲ级围岩的中小跨度隧道，Ⅳ级围岩中跨度隧道和Ⅲ级围岩大跨度隧道在采用了有效的预加固措施后，也可采用全断面法开挖
台阶法	适用于Ⅲ～Ⅳ级围岩的中小跨度隧道，Ⅴ级围岩的小跨度隧道在采用了有效的预加固措施后亦可采用台阶法开挖
环形开挖预留核心土法	适用于Ⅳ～Ⅴ级围岩或一般土质围岩的中小跨度隧道
中隔壁法（CD法）	适用于围岩较差、跨度大、浅埋、地表沉降需要控制的场合
交叉中隔壁法（CRD法）	
双侧壁导坑法	适用于浅埋大跨度隧道及地表下沉量要求严格而围岩条件很差的情况
中导洞法	适用于连拱隧道

 这是单项选择题或实务操作和案例分析题的采分点。

2. 公路隧道二台阶开挖方法施工工序

序号	工作内容
①	上台阶开挖
②	上台阶支护
③	下台阶右马口开挖
④	下台阶左马口开挖（围岩较弱处）
⑤	下台阶右马口初支
⑥	下台阶左马口初支
⑦	
⑧	
⑨	

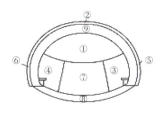

图 1B414030-1　公路隧道二台阶开挖方法施工工序

 改正③→⑥的施工工序为④→⑥→③→⑤。修改原因：开挖后及时支护。表列⑦～⑨项工作的内容分别为下部核心土开挖、施作仰拱、施作二衬。

3. 环形开挖预留核心土法施工工序示意图

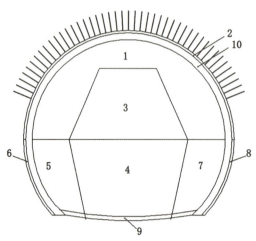

图 1B414030-2　环形开挖预留核心土法施工工序示意图

 该隧道开挖方式是环形开挖预留核心土法。图中 1～10 代表开挖或支护的施工工序：1－拱部环形开挖；2－拱部初期支护；3、4－预留核心土开挖；5－下台阶左侧壁开挖；6－下台阶左侧壁初期支护；7－下台阶右侧壁开挖；8－下台阶右侧壁初期支护；9－仰拱浇筑；10－二次衬砌。

4. 公路隧道超欠挖控制

> ◆ 当岩层完整、岩石抗压强度大于30MPa，并确认不影响衬砌结构稳定和强度时，允许岩石个别突出部分（每 1 ㎡内不宜大于 0.1㎡）欠挖，但其隆起量不得大于 50mm。
> ◆ 拱脚、墙脚以上 1m 范围内及净空图折角对应位置严禁欠挖。
> ◆ 开挖后宜采用断面仪或激光投影仪直接测定开挖面面积，并绘制断面图。
> ◆ 局部超挖，超挖量不超过 200mm 时，宜采用喷射混凝土回填密实。
> ◆ 边墙部位超挖，可采用混凝土或片石混凝土回填。

 可能会在实务操作和案例分析题中考查。

5. 钻眼爆破掘进施工炮眼的布置

钻眼爆破掘进施工炮眼的布置　　表 1B414030-4

炮眼类型	布置
掏槽眼	掏槽眼的作用是将开挖面上某一部位的岩石掏出一个槽，以形成新的临空面，为其他炮眼的爆破创造有利条件。掏槽炮眼一般要比其他炮眼深 10～20cm，以保证爆破后开挖深度一致
辅助眼	辅助眼的作用是进一步扩大掏槽体积和增大爆破量，并为周边眼创造有利的爆破条件。其布置主要解决间距和最小抵抗线问题，一般最小抵抗线略大于炮眼间距

续表

炮眼类型	布置
周边眼	周边眼的作用是爆破后使坑道断面达到设计的形状和规格。周边眼原则上沿着设计轮廓均匀布置，间距和最小抵抗线应比辅助眼的小，以便爆出较为平顺的轮廓

 三种炮眼的作用和布置方法对比学习。

6. 光面爆破与预裂爆破

光面爆破与预裂爆破　　　　　　　　　　表 1B414030-5

类型	光面爆破	预裂爆破
爆破顺序	掏槽眼→辅助眼→周边眼	周边眼→掏槽眼→辅助眼
主要参数	周边眼的间距、光面爆破层的厚度、周边眼密集系数、周边眼的线装药密度等	饱和单轴抗压极限强度、周边眼间距、周边眼至内圈崩落眼间距、周边眼装药集中度

 注意爆破顺序的对比。

【考点3】公路隧道支护与衬砌（☆☆☆☆☆）[13年、15年、16年单选，19年、20年、21年、22年案例]

1. 超前支护措施的类型及适用范围

超前支护措施的类型及适用范围　　　　　　表 1B414030-6

类型	适用范围
超前锚杆	主要适用于地下水较少的软弱破碎围岩的隧道工程中，如土砂质地层、弱膨胀性地层、流变性较小的地层、裂隙发育的岩体、断层破碎带、浅埋无显著偏压的隧道等，也适宜于采用中小型机械施工
管棚	主要适用于围岩压力来得快、来得大，用于对围岩变形及地表下沉有较严格限制要求的软弱破碎围岩隧道工程中，如土砂质地层、强膨胀性地层、强流变性地层、裂隙发育的岩体、断层破碎带、浅埋有显著偏压等围岩的隧道中
超前小导管注浆	不仅适用于一般软弱破碎围岩，也适用于地下水丰富的松软围岩
预注浆加固	更适用于有压地下水及地下水丰富的地层中，也更适用于采用大中型机械化施工

 这是单项选择题很好的命题素材。

（a）管棚施工　　　　　　　　（b）超前小导管注浆施工

图 1B414030-3　超前支护措施

2. 公路隧道初期支护

公路隧道初期支护　　　　　　　　　　　　　表 1B414030-7

施工方法	适用范围
喷射混凝土	常用于灌注隧道内衬、墙壁、顶棚等薄壁结构或其他结构的衬里以及钢结构的保护层。喷射混凝土的工艺流程有干喷、潮喷和湿喷
锚杆	尤其是在节理裂隙岩体中，锚杆对岩体的加固作用十分明显
钢支撑	常常用于软弱破碎或土质隧道中，并与锚杆、喷射混凝土等共同使用。钢支撑按其材料的组成，可分为钢拱架和格栅钢架
锚喷支护	在隧道工程中使用最多的组合形式是锚杆加喷射混凝土、锚杆加钢筋网再加喷射混凝土、钢架加锚杆加钢筋网再加喷射混凝土

 初期支护主要以组合形式施工。

（a）喷射混凝土　　　　　　　　（b）锚杆

图 1B414030-4　公路隧道初期支护

3. 模筑混凝土衬砌的施工技术要点

◆ 多采用由下到上、先墙后拱的顺序连续浇筑。
◆ 在隧道纵向，则需分段进行，分段长度一般为 8～12m。
◆ 在全断面开挖成形或大断面开挖成形的隧道衬砌施工中，则应尽量使用金属模板台车灌注混凝土整体衬砌。

 在实务操作和案例分析题中会考查。

4. 模筑混凝土衬砌的混凝土施工技术

- 衬砌采用防水混凝土时，可采用防水水泥或掺加增强密实性的外加剂。
- 衬砌混凝土应采用强制式混凝土搅拌机搅拌。
- 混凝土入模温度应控制在 5 ~ 32℃。
- 混凝土应从两侧边墙向拱顶、由下向上依次分层对称连续浇筑。
- 拱、墙混凝土应一次连续浇筑，不得采用先拱后墙浇筑，不得先浇矮边墙。
- 宜采用附着式和插入式振捣相结合的方式振捣。
- 混凝土养护时间不得少于7d。
- 掺加引气剂或引气型减水剂时，混凝土养护时间不得少于14d。

 从混凝土的材料、搅拌、浇筑、振捣和养护几个方面来掌握。

5. 仰拱衬砌、仰拱回填和垫层施工

仰拱衬砌、仰拱回填和垫层施工：
- 仰拱混凝土衬砌应先于拱墙混凝土衬砌施工，一般不宜大于拱墙衬砌浇筑循环长度的2倍
- 仰拱初期支护喷射混凝土及仰拱填充混凝土不得与仰拱衬砌混凝土一次浇筑
- 仰拱衬砌混凝土应整幅一次浇筑成形，不得左右半幅分次浇筑，一次浇筑长度不宜大于5.0m
- 仰拱和仰拱填充混凝土应在其强度达到2.5MPa后方可拆模
- 仰拱、仰拱填充和垫层混凝土浇筑宜采用插入式振捣器振捣密实
- 仰拱填充和垫层混凝土强度达到设计强度100%后方可允许运渣车辆通行

图 1B414030-5　仰拱衬砌、仰拱回填和垫层施工

 这些内容都可作为采分点。

6. Ⅳ级围岩复合式衬砌断面示意图

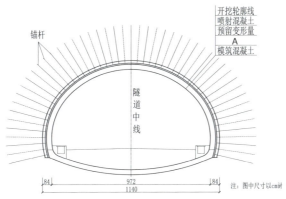

图 1B414030-6　Ⅳ级围岩复合式衬砌断面示意图

 构造物A表示：防水层（或防水卷材，或防水板和土工布）。

【考点4】公路隧道防水与排水（☆☆☆☆）[22年案例]

1. 施工防排水

> ◆ 边坡、仰坡坡顶的截水沟应结合永久排水系统在洞口开挖前修建。
> ◆ 洞顶截水沟应与路基边沟顺接组成排水系统。
> ◆ 洞外路堑向隧道内为下坡时，路基边沟应做成反坡，向路堑外排水。
> ◆ 隧道地表沟谷（槽）、坑洼、钻孔、探坑等，宜采用疏导、勾补、铺砌和填平等措施。

 隧道防排水应遵循"防、排、截、堵相结合，因地制宜，综合治理"的原则。

2. 结构防排水

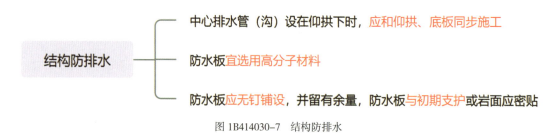

图 1B414030-7 结构防排水

 这是判断型选择题的采分点。

3. 注浆防水方式的选择

注浆防水方式的选择　　　　　　　　　　　　　　　表 1B414030-8

防水方式	适用范围
宜采用全断面帷幕注浆或周边注浆	掌子面前方存在较高水压的富水区，具有较大可能、较大规模的涌水、突水且围岩结构软弱，自稳能力差，开挖后可能导致掌子面失稳而诱发突水、突泥
宜采用超前局部注浆	掌子面前方围岩基本稳定，但局部存在一定的水流，开挖后可能导致掌子面大量渗漏水而无法施作初期支护时
宜采用径向注浆	围岩有一定自稳能力，开挖后水压和水量较小，但出水量超过设计允许排放量时

 隧道注浆防水施工应根据水文地质情况、开挖支护方式、相邻隧道的相互影响、地表环境要求、水资源保护等制定注浆防水方案，根据不同情况选择不同方案。

4. 隧道内排水设施横断面布置示意图

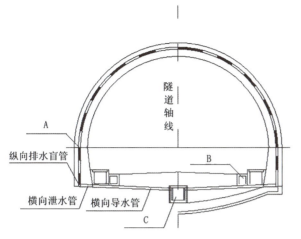

 该排水设施中，排水设施A为：环向排水盲管（或竖向泄水管，或环向排水管）；排水设施B为：路侧边沟；排水设施C为：中央排水沟（中央排水管）。

图 1B414030-8 隧道内排水设施横断面布置示意图

【考点5】隧道通风防尘及水电作业（☆☆☆）[17年、19年单选]

隧道通风防尘及水电作业　　　　　　　　　　　　　表 1B414030-9

作业	内容
通风	按照风道的类型和通风安装位置分为：风管式通风、巷道式通风和风墙式通风
	风管式通风为一般隧道施工采用；巷道式通风适用于有平行坑道的长隧道；风墙式通风适用于较长隧道
防尘	湿式凿岩标准化、机械通风正常化、喷雾洒水正规化和个人防护普遍化
供水	主要用途包括：凿岩机用水、喷雾洒水防尘用水、衬砌施工用水、混凝土养护施工用水、空压机冷却用水、施工人员的生活用水等
供电	隧道照明，成洞段和不作业地段可用220V，瓦斯地段不得超过110V，一般作业地段不宜大于36V，手提作业灯为12~24V
	成洞地段固定的输电线路，应使用绝缘良好胶皮线架设；施工地段的临时电线路宜采用橡套电缆；竖井、斜井宜使用铠装电缆；瓦斯地段的输电线必须使用煤矿专用密封阻燃铜芯电缆，不得使用皮线

 该考点的内容相对来说不是很重要。

【考点6】公路隧道辅助坑道施工（☆☆☆）[21年案例]

公路隧道辅助坑道施工　　　　　　　　　　　　　表 1B414030-10

类型	内容
横洞与平行导坑	应根据围岩级别、断面大小合理选用开挖方法
斜井	正洞施工期间，斜井的出水沿水沟顺坡排到斜井底的水仓，与正洞排水汇集一起，用抽水机排出洞外，必要时斜井中间再设接力水仓
竖井	竖井宜采用自上往下单行作业法施工。竖井装碴宜采用抓岩机

直击考点 辅助坑道的主要类型有竖井、斜井、平行导坑、横洞等。辅助坑道施工应进行超前地质预报和现场监控量测。

【考点 7】公路隧道盾构施工（☆☆☆）[22 年单选]

1. 盾构机的分类

盾构机的分类　　表 1B414030-11

类型	具体分类
密闭式	按平衡开挖面土压与水压的原理不同，密闭式盾构机又可分为土压式和泥水式两种
敞开式	敞开式盾构机按开挖方式划分，可分为手掘式、半机械式和机械式三种

直击考点 盾构机按开挖面是否封闭划分，可分为密闭式和敞开式两类。

2. 盾构机的适用范围

盾构机的适用范围　　表 1B414030-12

类型	适用范围
手掘式盾构	可适应各种复杂地层，开挖面可根据地质条件全部敞开，也可采用正面支撑，随开挖随支撑，也便于在曲线段施工
半机械式盾构	铲土式适用于黏土和砂砾混合层，切削式适用于硬黏土和硬砂土层，混合式适用于自立性较好的土层
机械式盾构	适用于各类土层，尤其适用于极易坍塌的砂性土层中的长隧道，可连续掘进挖土
土压平衡盾构	适用于冲积黏土、洪积黏土、砂质土、砂砾、卵石等土层及其互层
泥水平衡盾构	适用于冲积洪积的砂砾、砂、亚黏土、黏土层或多水互层的土层，有涌水工作面不稳定的土层，上部有河川、湖沼、海洋等水压高、水量大的地层

直击考点 这是单项选择题或实务操作和案例分析题的采分点。

1B414040 特殊地段施工

【考点 1】涌水地段施工特点（☆☆☆）[15 年案例]

处理涌水的辅助施工办法

直击考点 这是多项选择题的命题素材。

超前钻孔或辅助坑道排水　超前小导管预注浆堵水　超前围岩预注浆堵水　轻型井点降水及深井降水

图 1B414040-1　处理涌水的辅助施工办法

【考点2】塌方地段施工特点（☆☆☆）[17年单选]

1. 发生塌方的不良地质及水文地质条件

发生塌方的不良地质及水文地质条件
- 隧道穿过断层及其破碎带，或在薄层岩体的小褶曲、断层错动发育地段，开挖后引起坍塌
- 隧道穿越地层覆盖过薄地段，如在沿河傍山、偏压地段、沟谷凹地浅埋和丘陵浅埋地段极易发生塌方
- 地下水的软化、浸泡、冲蚀、溶解等作用加剧岩体的稳定和塌落

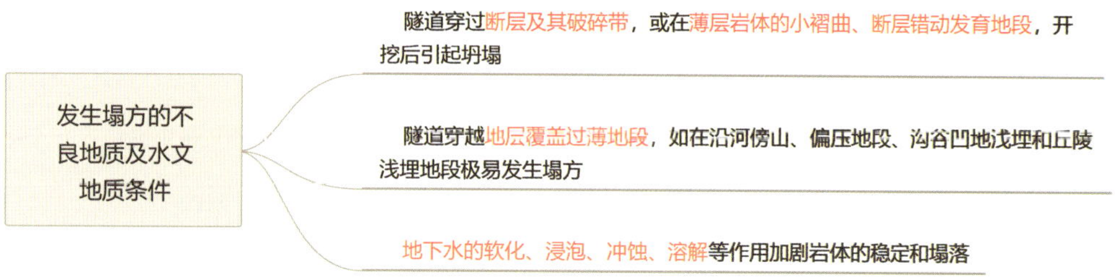

图 1B414040-2 发生塌方的不良地质及水文地质条件

直击考点 可以这样来考查：隧道穿越下列地段时，容易发生塌方的有（　　）。

2. 隧道塌方的预防措施和处理措施

隧道塌方的预防措施和处理措施　　表 1B414040-1

预防措施	处理措施
在掘进到地质不良围岩破碎地段，应采取"先治水、短开挖、弱爆破、强支护、早衬砌、勤量测"的施工方法	采取"治塌先治水、治塌先加强"的原则，采取喷锚支护、注浆、管棚、加强二次衬砌、设置护拱等技术措施

直击考点 在解答习题时，一定要看清楚是"预防措施"，还是"处理措施"。

【考点3】岩溶地段施工特点（☆☆☆）

隧道遇到溶洞的处理措施

- ◆按照以疏为主、堵排结合、因地制宜、综合治理的原则，分别以"疏导、堵填、注浆加固、跨越、宣泄"等措施进行处理。
- ◆在Ⅱ～Ⅳ级围岩条件下，中小跨度隧道、溶洞仅占隧道开挖断面内一小部分时，可采用全断面法开挖。
- ◆岩溶段爆破开挖时，宜采用多打眼、打浅眼、多分段的措施，严格控制单段起爆药量和总装药量。
- ◆如果溶洞规模较大，内部充填了大量的泥砂，并含有丰富的地下水，揭穿后很可能发生大规模的突水、突泥，应采用封闭注浆进行加固处理。
- ◆当隧道穿越有堆积物溶洞时，如果堆积物较大，清理时会造成随清随塌的大型坍塌体，宜采用超前预支护、注浆等措施加固周围的堆积物。
- ◆对已停止发育的、跨径较小、无水的溶洞，可根据其与隧道相交的位置及其充填情况，采用混凝土、浆砌片石或干砌片石予以回填封闭。
- ◆拱部以上干、空溶洞，可采用喷锚支护加固、注浆、加设护拱及拱顶回填的方法进行处理。
- ◆底板下溶洞，宜采用浆砌片石回填，但不得阻断过水通道。

直击考点 遇到不同的情况，采取不同的方法处理。

【考点4】瓦斯地段施工特点（☆☆☆）[21年案例]

防止瓦斯事故的措施

```
防止瓦斯事故的措施
├─ 施工前应编制防治瓦斯的专项施工方案、超前地质预报方案、通风设计方案、瓦斯监测方案、应急预案和作业要点手册等
├─ 工作面附近20m以内风流中瓦斯浓度必须小于1%，必须采用湿式钻孔
├─ 爆破网络必须采用串联连接方式，不得并联或串并联
├─ 炮眼封泥不严或不足时，不得进行爆破，炮泥应采用黏土炮泥，严禁用煤粉、块状材料或其他可燃性材料作炮泥
└─ 高瓦斯工区的施工通风宜采用巷道式，瓦斯隧道各掘进工作面必须独立通风，严禁任何两个工作面之间串联通风
```

直击考点：注意"必须"和"严禁"的内容。

图1B414040-3　防止瓦斯事故的措施

【考点5】流沙地段施工特点（☆☆☆☆）[15年单选]

流沙的治理措施

流沙的治理措施　　　　　　　　　　　　　　　　　　　　　表1B414040-2

措施	内容
加强调查，制定方案	调查流沙特性、规模，了解地质构成、贯入度、相对密度、粒径分布、塑性指数、地层承载力、滞水层分布、地下水压力和透水系数等
因地制宜，综合治水	因地制宜，采用"防、截、排、堵"的治理方法
先护后挖，加强支护	宜采用超短台阶、环形开挖预留核心土法人工开挖。开挖时必须采取自上而下分步进行。衬砌宜采用仰拱先行
尽早衬砌，封闭成环	拱部和边墙衬砌混凝土的灌注应尽快与仰拱形成封闭环

 了解这32个字的四个措施。

【考点6】岩爆地段施工特点（☆☆☆）[22年单选]

岩爆隧道施工技术措施

岩爆隧道施工技术措施　　　　　　　　　　　　　　　　　　表1B414040-3

地段	施工技术措施
轻微岩爆地段	开挖可正常掘进，可直接在开挖面上洒水，软化表层，促使应力释放和调整
中等岩爆地段	除可采用轻微岩爆地段的措施外，还可采用超前注水、防岩爆锚杆等措施

续表

地段	施工技术措施
强烈岩爆地段	除可采用轻微岩爆地段和中等岩爆地段的措施外，还可采用在地面钻孔注水的方法大范围软化围岩、超前应力解除爆破、小导洞超前、超前锚杆、钢架支撑等措施

 根据岩爆强度大小对其进行严格分级，针对不同的岩爆级别可采取不同的技术措施。

1B414050 隧道工程质量通病及防治措施

【考点1】隧道水害的防治（☆☆☆）

隧道水害的防治　　　　　　　　　　　　　　表 1B414050-1

原因分析	防治措施
（1）隧道穿过含水层的地层； （2）隧道衬砌防水及排水设施不完善	（1）因势利导，给地下水以可排走的通道，将水迅速地排到洞外； （2）将流向隧道的水源截断，或尽可能使其水量减少； （3）堵塞衬砌背后的渗流水，集中引导排出； （4）合理选择防水材料，严格施工工艺

 总的一句话就是减少含水量。

【考点2】隧道衬砌病害的防治（☆☆☆☆）[19年、20年多选]

1. 隧道衬砌腐蚀病害的原因分析与预防措施

隧道衬砌腐蚀病害的原因分析与预防措施　　　　　表 1B414050-2

原因分析	预防措施
冻融交替冻胀性裂损	坚持以排为主、排堵截并用，综合治水
干湿交替盐类结晶性胀裂损坏	用各种耐腐蚀材料敷设在混凝土衬砌的表面，作为防蚀层
硫酸盐、镁盐、溶出性（软水）、碳酸盐、一般酸性侵蚀	除采取排水降低水压外，同时采用抗侵蚀材料作为衬砌，使防水、防蚀设施与结构合为一体
—	在隧道的伸缩缝、变形缝和施工缝都设置止水带

 隧道衬砌腐蚀病害的原因包括物理性腐蚀和化学性腐蚀，前两种原因是物理性腐蚀。

2. 隧道衬砌裂缝病害的原因分析、预防措施和治理措施

隧道衬砌裂缝病害的原因分析、预防措施和治理措施　　　　表 1B414050-3

原因分析	预防措施	治理措施
围岩压力不均	正确选取衬砌形式及衬砌厚度； 欠挖必须控制在容许范围内； 钢筋保护层厚度必须保证不小于 3cm，宜采用较大的骨灰比，降低水胶比，合理选用外加剂； 混凝土拆模时，内外温差不得大于 20℃，养护混凝土温度的变化速度不宜大于 5℃/h； 对围岩进行止水处理，根据设计施作防水隔离层； 正确设置沉降缝、伸缩缝。	采用锚杆加固、碳纤维加固、骑缝注浆、凿槽嵌补、直接涂抹工艺中的一种或数种相结合的措施
衬砌背后局部空洞		
衬砌厚度严重不足		
混凝土收缩		
不均匀沉降		
施工管理不善		

隧道衬砌裂缝的治理措施可总结为加强衬砌自身强度和提高围岩稳定性两种。加强衬砌自身强度可通过对隧道衬砌结构混凝土施工材料进行加固以及通过对衬砌结构的裂缝进行碳纤维加固等措施提升结构自身的承载能力。提高围岩稳定性能够有效地保证隧道衬砌结构施工的安全性，可通过锚固注浆、深孔注浆等措施对围岩进行加固。

【考点3】隧道超欠挖的防治（☆☆☆☆）[21年多选，21年案例]

隧道超欠挖的原因分析与预防措施

隧道超欠挖的原因分析与预防措施　　　　表 1B414050-4

原因分析	预防措施
测量放样错误或误差较大	提高对超欠挖问题的认识
钻孔操作台架就位不准确	加强施工管理
司钻工操作不熟练	重视钻爆设计
装药量及装药结构不合理	注意钻爆作业工序
爆破网路连接不规范	—
围岩节理发育，层面倾角小	—

主要掌握原因分析。

1B415000 交通工程

1B415010 交通安全设施

【考点1】交通安全设施的主要构成与功能(☆☆☆☆)[19年、20年单选,22年多选]

交通安全设施的主要构成与功能　　表1B415010-1

构成	功能
交通标志	用于管理交通的设施,主要起到提示、诱导、指示等作用。主要包括警告标志、禁令标志、指示标志、指路标志、旅游区标志、作业区标志等主标志以及附设在主标志下的辅助标志
交通标线	是传递有关道路交通的规则、警告和指引交通,是由施划或安装于道路上的各种线条、箭头、文字、图案、立面标记、实体标记、突起路标等构成的
护栏和栏杆	路侧护栏宜设置在公路土路肩内
视线诱导设施	视线诱导设施包括轮廓标、合流诱导标、线形诱导标、隧道轮廓带、警示桩、警示墩等
隔离栅	隔离栅是将公路用地隔离出来,防止非法侵占公路用地的设施,应能有效阻止行人、动物误入需要控制出入的公路。主要包括编织网、钢板网、焊接网、刺钢丝网、隔离墙以及常青绿篱等形式
防落网	应能阻止公路上的落物进入饮用水保护区、铁路、高速公路、需要控制出入的一级公路等建筑限界内,或阻止挖方路段落石进入公路建筑限界以内
防眩设施	主要作用是避免对向车辆前照灯造成的眩目影响,保证夜间行车安全。防眩设施分为人造防眩设施和绿化防眩设施,人造防眩设施主要包括防眩板、防眩网等结构形式
避险车道	由引道、制动床、救援车道等构成。避险车道应设置相关的交通标志、标线、护栏、视线诱导等交通安全设施
其他交通安全设施	防风栅、防雪栅、积雪标杆、限高架、减速丘、凸面镜等

一般考查按功能来选择交通安全设施。

（a）交通标志

（b）交通标线

（c）隔离栅

（d）防眩设施

图 1B415010-1　交通安全设施

【考点2】交通安全设施的施工技术要求（☆☆☆☆☆）[18年、22年单选，21年多选，22年案例]

1. 交通标志的施工技术要求

—— 标志支撑结构应在基础混凝土强度达到设计强度的80%以上后，经监理工程师批准后安装
—— 小型交通标志可在立柱安装固定后安装标志板

图 1B415010-2 交通标志的施工技术要求

 简单了解一下。

2. 护栏和栏杆的施工技术要求

◆立柱打入的护栏宜在水泥混凝土路面、沥青路面下面层施工完毕后施工，不得早于路面基层施工。
◆混凝土护栏可在路面基层施工完毕后路面摊铺前施工。
◆桥梁护栏和栏杆应在桥梁车行道板、人行道板、混凝土铺装层施工完毕，跨中支架及脚手架拆除后桥跨处于独立支撑的状态时方能施工。
◆混凝土桥梁护栏应在桥面的两侧对称进行施工。
◆中央分隔带开口护栏的端头基础和预埋基础应在路面面层施工前完成，其余部分应在路面施工后安装。
◆缓冲设施应在路面施工后安装。
◆所有钢构件均应进行防腐处理。
◆螺栓、螺母等紧固件和连接件在防腐处理后，应清理螺纹或进行离心分离处理。

 主要掌握不同的护栏和栏杆的施工阶段。

3. 临崖路段路侧混凝土护栏构造型式示意图

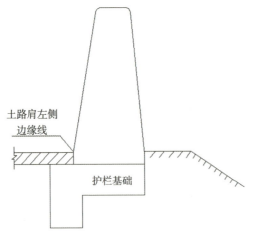

图 1B415010-3 临崖路段路侧混凝土护栏构造型式示意图

 该图中混凝土护栏按构造划分属于单坡型；混凝土护栏的基础为座椅方式。

1B415020 监控系统

【考点】监控系统主要设施的施工技术要求（☆☆☆）

监控系统主要设施的施工技术要求：
- 设备开箱检查必须由业主、承包方和监理共同参加
- 设备安装前要画线定位，保持防静电地板的完好性
- 焊接严禁使用带腐蚀剂焊剂
- 设备安装完毕后，应重点检查电源线、地线等配线正确无误，方可通电

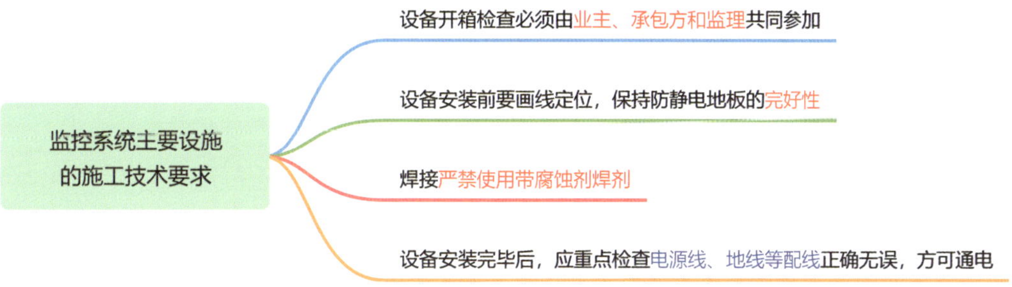

图 1B415020-1　监控系统主要设施的施工技术要求

 该考点也没有太多的命题素材。

1B415030 收费系统

【考点1】收费系统的主要构成（☆☆☆）

收费系统的主要构成　　　　　表 1B415030-1

系统	主要构成
ETC 门架系统	车道控制器、RSU（含 ETC 天线、读写控制器）、高清车牌图像识别设备（含补光设备）、高清摄像机、供电设备、防雷接地、网络安全设备、工业以太网交换机等
收费站系统	由监控室的三层以太网交换机 ETC 门架管理服务器、磁盘阵列存储设备（IPSAN）、ETC 门架以太网交换机、多台工作站、收费站服务器、打印机等组成
ETC 车道	由车道控制机、车辆检测器、高清摄像机、ETC 路侧单元 RSU 和天线、自动栏杆、信息显示屏、收费终端（显示器、键盘）、非接触式 IC 卡读写器、票据打印机（出口）、报警设备、车道信号灯、雨棚信号灯、配电盘、接地装置以及相应车道软件等构成
内部对讲系统	由收费站内对讲主机、收费亭内对讲分机、通信线缆和电源等构成
电源系统	主要由低压配电箱、稳压电源、不间断电源 UPS 等构成
车牌自动识别装置	由车辆检测器、摄像机、辅助光源、图像采集卡、车牌识别处理器和软件组成

 这是多项选择题的命题素材。

【考点2】收费系统主要设施的施工技术要求（☆☆☆）[15年、21年单选，20年多选]

图1B415030-1 收费系统主要设施的施工技术要求

直击考点 简单了解一下。

1B415040 通信系统

【考点】通信系统主要设施的施工技术要求（☆☆☆）[13年单选，15年、18年多选]

1. 光、电缆线路施工要求

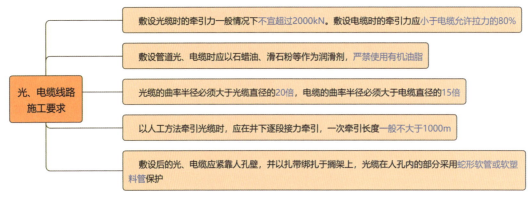

图1B415040-1 光、电缆线路施工要求

直击考点 注意这些数值的规定。

2. 通信设备的安装要求

直击考点 简单了解。

- ◆机架如不平整应用油毡垫实，电池体安装在铁架上时，应垫缓冲胶垫。
- ◆设备电缆与电源线分开布设，同轴射频线缆单独布设。
- ◆扁钢作接地引入线时应涂沥青，并用麻布条缠扎，然后再在麻布外涂沥青保护。
- ◆交、直流配电设备的机壳应从接地汇集线上引入保护接地线。
- ◆接地干线宜与隧道自然接地体重复接地，其重复接地间距不宜大于200m。
- ◆有监控设施的隧道，洞口接地装置接地电阻不应大于1Ω；无监控设施的隧道，洞口接地装置接地电阻不应大于4Ω。

1B415050 供配电及照明系统

【考点1】供配电及照明系统的主要构成（☆☆☆）[20年单选]

供配电系统的主要构成

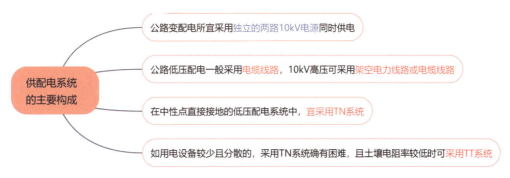

图 1B415050-1 供配电系统的主要构成

 通常公路供配电系统主要由10kV电源线路、变配电所、供配电线路、低压配电箱和接地系统等构成。

【考点2】供配电及照明系统主要设施的施工技术要求（☆☆☆）[22年单选，17年多选]

图 1B415050-2 供配电及照明系统主要设施的施工技术要求

 注意距离的要求。

1B420000 公路工程项目施工管理

1B420010 公路工程项目施工组织与部署

【考点1】公路工程项目施工组织设计的编制（☆☆☆☆）[15年、18年单选]

1. 一般工程项目施工组织设计的编制程序

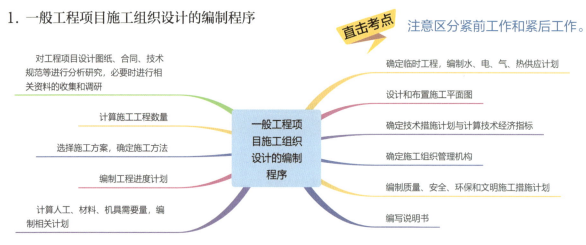

图 1B420010-1　一般工程项目施工组织设计的编制程序

2. 工程项目施工组织设计的分析主要技术经济指标

图 1B420010-2　工程项目施工组织设计的分析主要技术经济指标

【考点2】公路工程项目施工部署（☆☆☆☆）[20年单选，18年多选]

1. 施工总体部署主要内容

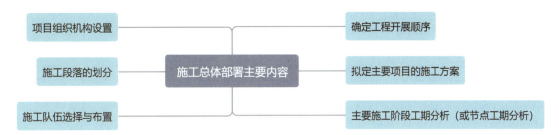

图 1B420010-3　施工总体部署主要内容

这是多项选择题或实务操作和案例分析题的采分点。

2. 施工现场总平面布置示意图

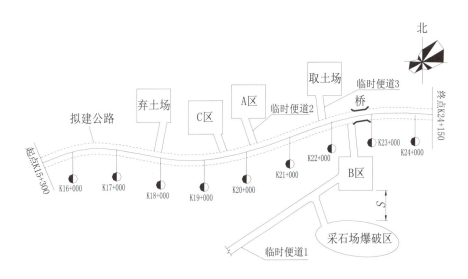

图 1B420010-4　施工现场总平面布置示意图

学习施工现场总平面布置图的内容，需要结合施工现场临时工程管理的内容。这是某新建一级公路工程第二标段里程桩号为 K15+300～K24+150 的施工现场总平面布置示意图，根据《公路工程施工安全技术规范》JTG F 90—2015，为保证临时工程的安全，B 区与采石场爆破区直线距离 S 最短需要 500m。依据施工方便、合理、安全、经济、环保等施工现场总平面图布置原则，A、B、C 区分别布置承包人驻地、桥梁梁板预制场（含水泥混凝土拌合站）、水泥稳定土拌合站临时工程最合理。

1B420020 公路工程进度控制

【考点1】公路工程进度计划的编制特点（☆☆☆）[16年、17年、21年单选]

1. 公路工程进度计划的主要形式

公路工程进度计划的主要形式　　　　表 1B420020-1

主要形式	内容
横道图	用带时间比例的水平横线表示对应工作内容持续时间的进度计划图表
"S"形曲线	是以时间为横轴，以累计完成的工程费用的百分数为纵轴的图表化曲线
公路工程进度表	既能反映各分部（项）工程的进度，又能反映工程总体的进度
垂直图	是以公路里程或工程位置为横轴，以时间为纵轴，而各分部（项）工程的施工进度则相应地以不同的斜线表示
斜率图	斜率图是以时间（月份）为横轴，以累计完成的工程量的百分数为纵轴，将分项工程的施工进度相应地用不同斜率表示的图表化曲（折）线

 要注意区分时间是横轴，还是纵轴。

2. 公路工程常用的流水施工流水参数

公路工程常用的流水施工流水参数　　　　表 1B420020-2

名称	参数
工艺参数	施工过程数（工序个数），流水强度
空间参数	工作面、施工段、施工层
时间参数	流水节拍、流水步距、技术间歇、组织间歇、搭接时间

 很容易考查多项选择题。

【考点2】公路工程进度控制管理（☆☆☆☆☆）[19年、20年单选，13年、22年案例]

1. 列举法确定双代号网络图的关键线路和总工期

【思路】逐条计算取最大值。

【例题】确定如图 1B420020-1 所示的双代号网络图的关键线路和计算工期。（时间单位：d）

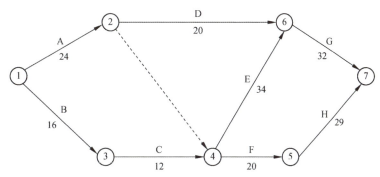

图1B420020-1 双代号网络图（时间单位：d）

【步骤】第1步：列举线路，并计算每条线路的持续时间之和。

每条线路的持续时间之和　　　　　　　　　　　　　　表1B420020-3

序号	列举线路	计算持续时间之和（d）
1	①②⑥⑦	24 + 20 + 32=76
2	①②④⑥⑦	24 + 34 + 32=90
3	①②④⑤⑦	24 + 20 + 29=73
4	①③④⑥⑦	16 + 12 + 34 + 32=94
5	①③④⑤⑦	16 + 12 + 20 + 29=77

第2步：确定总工期和关键线路。持续时间之和的最大值就是总工期。持续时间之和最大值对应的线路就是关键线路。

该双代号网络图的总工期为94d，关键线路为①→③→④→⑥→⑦。

2. 取最小值法计算双代号网络图中各工作总时差

【思路】一找、一加、一减、取小。

【例题】计算如图1B420020-2所示的双代号网络图中工作A_3的总时差。

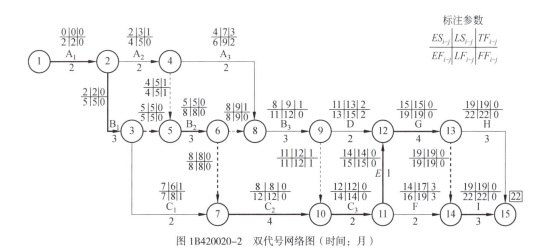

图1B420020-2 双代号网络图（时间：月）

【步骤】第1步：找出经过该工作的所有线路（一找）；计算各条线路中所有工作的持续时间之和（一加）。

找出经过工作 A_3 的所有线路（5条），计算这5条线路中所有工作的持续时间之和，见表1B420020-4。

每条线路的持续时间之和　　　　　　　　　　　表 1B420020-4

序号	列举线路	计算持续时间之和（月）
1	①②④⑧⑨⑫⑬⑮	2＋2＋2＋3＋2＋4＋3=18
2	①②④⑧⑨⑫⑬⑭⑮	2＋2＋2＋3＋2＋4＋3=18
3	①②④⑧⑨⑩⑪⑫⑬⑮	2＋2＋2＋3＋2＋1＋4＋3=19
4	①②④⑧⑨⑩⑪⑫⑬⑭⑮	2＋2＋2＋3＋2＋1＋4＋3=19
5	①②④⑧⑨⑩⑪⑭⑮	2＋2＋2＋3＋2＋2＋3=16

第2步：分别用计算工期减去各条线路的持续时间之和（一减）；取相减后的最小值就是该工作的总时差（取小）。

工作 A_3 的总时差 =min｛（22-18），（22-19），（22-16）｝=3个月。

 在实务操作和案例分析题中不要求我们写出计算总时差的步骤，我们选择一个自己擅长的方法就可以。

3. 公路工程项目进度检查应包括的内容

 这是多项选择题的命题素材。

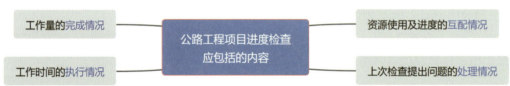

图 1B420020-3　公路工程项目进度检查应包括的内容

4. 公路工程项目进度检查的方法

 对比理解。

公路工程项目进度检查的方法　　　　　　　　　表 1B420020-5

方法	内容
横道图比较法	进行直观比较的方法，缺点是不便判断对工程工期的具体影响情况
"S"形曲线比较法	可以反映进度提前还是延误，也可以反映进度的快慢
"香蕉"形曲线比较法	理想的状况是任一时刻的实际进度在 ES 和 LS 两条曲线所包区域内的曲线 R 上
公路工程进度表	是公路工程进度控制的重要形式
前锋线比较法	主要适用于时标网络计划

1B420030 公路工程项目技术管理

【考点1】公路工程施工图纸会审（☆☆☆）

图纸会审的主要内容：
- 核对图纸数量是否齐全，施工说明是否清楚准确、是否符合现有行业标准或规范要求
- 结合现场调查情况，核算主要工程数量，检查其中错漏碰缺
- 核查设计提供的水文、地质等资料是否满足工程施工需求，明确是否需要进一步补充
- 核算工程主要结构的受力条件及主要设计数据
- 核算建筑物在施工过程中的稳定性和可能发生的变形以及对施工安全、变形观测的要求
- 核算设计对施工条件、施工方法和船机设备性能的考虑及要求
- 需要设计优化或计划进行重大变更设计的，承包人要提前策划，多方沟通，并通过图纸会审文件的形式加以确认

图 1B420030-1　图纸会审的主要内容

 这是多项选择题或实务操作和案例分析题的采分点。

【考点2】公路工程施工方案管理（☆☆☆）[22年案例]

1. 公路工程施工方案的编制原则

公路工程施工方案的编制原则：
- 遵守法律法规，符合规范和标准
- 优先采用经过论证的四新技术
- 坚持"谁施工、谁编制、谁负责"的原则
- 主要施工方案要进行充分的方案比选，以保证施工方案的先进性、经济合理性

图 1B420030-2　公路工程施工方案的编制原则

 注意第三条"谁施工、谁编制、谁负责"。

2. 公路工程施工方案编制内容

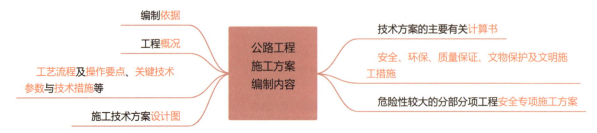

图 1B420030-3 公路工程施工方案编制内容

 容易考查补充型的实务操作和案例分析题。

3. 公路工程施工方案编制、审核和审批

公路工程施工方案编制、审核和审批
- 对于一般施工方案，应由施工单位或项目专业工程师编制，项目技术部门组织审核，由项目技术负责人审批
- 对于重大施工方案，应由项目技术负责人组织编制，施工单位技术管理部门组织审核，必要时组织相关专家进行论证，由施工单位技术负责人进行审批
- 专家论证会应当由施工单位组织召开，实行施工总承包的，由施工总承包单位组织召开

图 1B420030-4 公路工程施工方案编制、审核和审批

 由谁编制、由谁审核、由谁审批，主要考查是"谁"。

【考点3】公路工程施工技术交底（☆☆☆）[22年案例]

公路工程施工技术交底的分级要求与主要内容　　表 1B420030-1

分级	要求	主要内容
第一级	项目总工向项目各部门负责人及全体技术人员进行交底	实施性施工组织设计、技术策划、总体施工方案、重大施工方案等
第二级	项目技术部门负责人或各分部分项工程主管工程师向现场技术人员和班组长进行交底	分部分项工程施工方案等
第三级	现场技术员负责向班组全体作业人员进行技术交底	分部分项工程的施工工序等

 负责第一级交底的项目总工在交底前应按照交底内容写出书面材料，交底后应由接受交底的人员履行签字手续。负责第二级和第三级交底的交底人员在交底前应写出书面材料，并经项目总工审核，交底后应由接受交底的人员签认。

【考点 4】公路工程施工技术档案管理（☆☆☆）

 需要掌握的内容不多。

```
公路工程施工技    ┬── 施工资料应由施工单位编制
术档案管理        │
                  ├── 总承包项目由总包单位负责汇集，分包单位应主动向总包单位移交有关施工资料
                  │
                  └── 凡施工图结构、工艺、平面布置等有重大改变，或变更部分超过图面1/3的，应当重新绘制竣工图
```

图 1B420030-5　公路工程施工技术档案管理

【考点 5】公路工程施工测量管理（☆☆☆）

1. 施工测量的原则

施工测量的原则　　　　　　　　　　　　　　　　　　　　表 1B420030-2

重要环节	原则
在测量布局上	应遵循"由整体到局部"的原则
在测量精度上	应遵循"由高级到低级"的原则
在测量次序上	应遵循"先控制后碎部"的原则
在测量过程中	应遵循"随时检查，杜绝错误""前一步工作未作复核不进行下一步工作"的原则

 这是判断型多项选择题的采分点。

2. 高填深挖路基监测测量工作内容

高填深挖路基监测测量工作内容　　　　　　　　　　　　　表 1B420030-3

高填方路基监测	深挖路堑监测
稳定性监测：对路基原地表沉降、边桩位移测量	边坡变形观测：变形观测墩埋设于断面边坡坡口线外 2m
沉降量监测：对中桩、路肩、平台、坡脚等沉降量观测	施工安全监测：监测点埋设于各级开挖平台坡脚处
地表水平位移量监测	—
挡墙位移监测：观测点埋设在挡墙顶面	—

 这也是多项选择题和补充型实务操作和案例分析题的采分点。

1B420040 公路工程施工质量管理

【考点1】公路工程质量控制方法及措施（☆☆☆）[22年单选，21年多选]

1. 土的最佳含水量和压实度的测定方法

土的最佳含水量和压实度的测定方法　　　表 1B420040-1

参数	测定方法
最佳含水量	（1）轻型、重型击实试验；（2）振动台法；（3）表面振动击实仪法
压实度	（1）灌砂法；（2）环刀法；（3）核子密度湿度仪法

 这是多项选择题绝佳的采分点，也是补充型实务操作和案例分析题的采分点。

2. 水泥混凝土抗折强度与抗压强度的测定

水泥混凝土抗折强度与抗压强度的测定　　　表 1B420040-2

指标	试验要求
抗折（抗弯拉）强度	是以 150mm×150mm×550mm 的梁形试件在标准养护条件下达到规定龄期后，在净跨径 450mm 的双支点荷载作用下进行弯拉破坏，并按规定的计算方法得到强度值
抗压强度	是以边长为 150mm 的正立方体标准试件，标准养护到 28d，再在万能试验机上按规定方法进行破坏试验测得抗压强度

 对比着记忆。

3. 马歇尔试验配合比设计法

马歇尔试验配合比设计法　　　表 1B420040-3

项目	内容
用途	沥青混凝土配合比设计
技术指标	表观密度、空隙率、沥青饱和度、矿料间隙率、稳定度和流值
三个阶段	目标配合比设计、生产配合比设计及生产配合比验证
确定参数	确定沥青混合料的材料品种及配合比、矿料级配、最佳沥青用量
马歇尔稳定度试验	主要用于沥青混合料的配合比设计及沥青路面施工质量检验
浸水马歇尔稳定度试验	主要是检验沥青混合料受水损害时抵抗剥落的能力，通过测试其水稳定性检验配合比设计的可行性

 每一条都比较重要。

4. 桥梁基础工程施工中常见质量控制关键点

桥梁基础工程施工中常见质量控制关键点　　　　表 1B420040-4

扩大基础	钻孔桩	沉井
（1）基底地基承载力的检测确认，满足设计要求。 （2）基底表面松散层的清理。 （3）及时浇筑垫层混凝土，减少基底暴露时间。 （4）大体积混凝土施工裂缝控制	（1）桩位坐标与垂直度控制。 （2）护筒埋深。 （3）泥浆指标控制。 （4）护筒内水头高度。 （5）孔径的控制，防止缩径。 （6）桩顶、桩底标高的控制。 （7）清孔质量（嵌岩桩与摩擦桩要求不同）。 （8）钢筋笼接头质量。 （9）导管接头质量检查与水下混凝土的灌注质量	（1）初始平面位置的控制。 （2）刃脚质量。 （3）下沉过程中沉井倾斜度与偏位的动态控制。 （4）封底混凝土的浇筑工艺确保封底混凝土的质量

 这是多项选择题和实务操作和案例分析题的采分点。

5. 水中承台施工常见质量控制关键点

水中承台施工常见质量控制关键点　　　　表 1B420040-5

钢围堰	钢套箱
（1）钢围堰的设计与加工制造质量控制	（1）钢套箱的设计与加工制造质量控制
（2）钢围堰入水、落床及入土下沉过程中平面位置、高程等的控制	（2）钢套箱水平及竖向限位装置的施工质量控制
（3）钢围堰下沉到位后的清底及整平	—
（4）封底混凝土浇筑时的导管布设与封底混凝土厚度控制	（3）封底混凝土浇筑时的导管布设与封底混凝土厚度控制
（5）承台混凝土配合比设计	（4）承台混凝土的配合比设计
（6）抽水后封底混凝土基底的调平	（5）抽水后封底混凝土的调平
（7）承台混凝土浇筑导管布设及混凝土振捣	（6）承台混凝土浇筑导管布设及混凝土振捣
（8）大体积混凝土温控设施的设计、施工及大体积混凝土养护	（7）大体积混凝土温控设施的设计、施工及大体积混凝土养护
（9）各类预埋件的施工质量控制	（8）各类预埋件的施工质量控制

 对比记忆。

6. 桥梁下部结构施工中常见质量控制关键点

桥梁下部结构施工中常见质量控制关键点　　　　表 1B420040-6

实心墩	薄壁墩
（1）墩身锚固钢筋预埋质量控制	（1）墩身锚固钢筋预埋质量控制
（2）墩身平面位置控制	（2）墩身平面位置控制
（3）墩身垂直度控制	（3）墩身垂直度控制
（4）模板接缝错台控制	（4）模板接缝错台控制
（5）墩顶支座预埋件位置、数量控制	（5）墩顶支座预埋件位置、数量控制
—	（6）墩身与承台联结处混凝土裂缝控制
—	（7）墩顶实心段混凝土裂缝控制

 前五项相同。

7. 简支梁桥施工中常见质量控制关键点

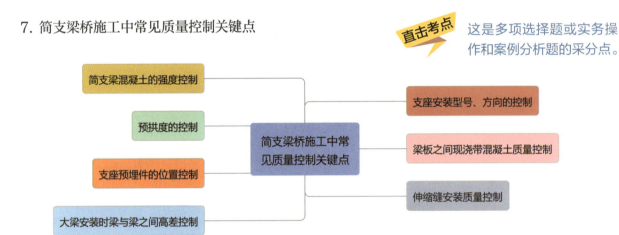

图 1B420040-1　简支梁桥施工中常见质量控制关键点

直击考点　这是多项选择题或实务操作和案例分析题的采分点。

8. 连续梁桥施工中常见质量控制关键点

连续梁桥施工中常见质量控制关键点　　　　表 1B420040-7

施工方法	质量控制关键点
支架施工	支架沉降量的控制
先简支后连续	后浇段工艺控制、体系转换工艺控制、临时支座安装与拆除控制
挂篮悬臂施工	浇筑过程中的线形控制、边跨及跨中合龙段混凝土的裂缝控制
预应力梁	张拉力及预应力钢筋伸长值控制

 这是单项选择题、多项选择题、实务操作和案例分析题的采分点。

9. 拱桥施工中常见质量控制关键点

拱桥施工中常见质量控制关键点　　　　　　　　表 1B420040-8

施工方法	质量控制关键点
预制拼装	拱肋拱轴线的控制
支架施工	支架基础承载力控制、支架沉降控制、拱架加载控制、卸架工艺控制
钢管拱	钢管混凝土压注质量控制

 这是单项选择题、多项选择题、实务操作和案例分析题的采分点。

10. 斜拉桥和悬索桥施工中常见质量控制关键点

斜拉桥和悬索桥施工中常见质量控制关键点　　　　　表 1B420040-9

斜拉桥	悬索桥
（1）主塔空间位置的控制	（1）猫道线形控制
（2）斜拉索锚固管或锚箱空间定位控制	（2）主缆架设线形控制
（3）斜拉桥线形控制	（3）索股安装：基准索股的定位控制、索股锚固力的控制
（4）牵索挂篮悬臂施工：斜拉索索力控制、索力调整	（4）索股架设中塔顶位移及索鞍位置的调整
（5）悬臂吊装：梁段外形尺寸控制、斜拉索索力控制、索力调整	（5）紧缆：空隙率的控制
（6）合龙段的控制	（6）索夹定位控制
—	（7）缠丝拉力控制
—	（8）吊索长度的确定
—	（9）加劲梁的焊接质量控制

 这是多项选择题或实务操作和案例分析题的采分点。

【考点2】公路工程质量检查与检验（☆☆☆☆☆）[13年、20年、21年、22年单选，16年多选，21年案例]

1. 路基工程质量检验实测项目

路基工程质量检验实测项目　　　　　　　　　表 1B420040-10

工程	实测项目
土方路基	压实度（△）、弯沉（△）、纵断高程、中线偏位、宽度、平整度、横坡、边坡
填石路基	压实（△）、弯沉（△）、纵断高程、中线偏位、宽度、平整度、横坡、边坡坡度和平顺度

续表

工程	实测项目
浆砌挡土墙	砂浆强度（△）、平面位置、墙面坡度、断面尺寸（△）、顶面高程、表面平整度
干砌挡土墙	平面位置、墙面坡度、断面尺寸（△）、顶面高程、表面平整度
片石混凝土挡土墙	混凝土强度（△）、平面位置、墙面坡度、断面尺寸（△）、顶面高程、表面平整度

 对结构安全、耐久性和主要使用功能起决定性作用的检查项目为关键项目，以"△"标识。关键项目的合格率不得低于95%（机电工程为100%）；一般项目，合格率应不低于80%。

2. 路面工程质量检验实测项目

路面工程质量检验实测项目　　　　表 1B420040-11

工程	实测项目
稳定土基层和底基层	压实度（△）、平整度、纵断高程、宽度、厚度（△）、横坡、强度（△）
级配碎（砾）石基层和底基层	压实度（△）、弯沉值、平整度、纵断高程、宽度、厚度（△）、横坡
水泥混凝土面层	弯拉强度（△）、板厚度（△）、平整度、抗滑构造深度、横向力系数 SFC、相邻板高差、纵横缝顺直度、中线平面偏位、路面宽度、纵断高程、横坡、断板率
沥青混凝土和沥青碎（砾）石面层	矿料级配（△）、沥青含量（△）、马歇尔稳定度、压实度（△）、平整度、弯沉值、渗水系数、摩擦系数、构造深度、厚度（△）、中线平面偏位、纵断高程、宽度及横坡

 分项工程质量检验应按基本要求、实测项目、外观质量和质量保证资料等检验项目分别检查。应在所使用的原材料、半成品、成品及施工控制要点等符合基本要求的规定，无严重外观缺陷且质量保证资料真实齐全时，方可进行检验评定。

3. 桥梁工程质量检验实测项目

桥梁工程质量检验实测项目　　　　表 1B420040-12

工程	实测项目
桥梁总体	桥面中线偏位、桥面宽（含车行道和人行道）、桥长、桥面高程
钻孔灌注桩	混凝土强度（△）、桩位、孔深（△）、孔径、钻孔倾斜度、沉淀厚度、桩身完整性（△）
混凝土扩大基础	混凝土强度（△）、平面尺寸、基础底面高程、基础顶面高程、轴线偏位
钢筋加工及安装	受力钢筋间距（△）、箍筋、构造钢筋、螺旋筋间距、钢筋骨架尺寸、弯起钢筋位置、保护层厚度（△）

续表

工程	实测项目
钢丝、钢绞线先张法	镦头钢丝同束长度相对差、张拉应力值（△）、张拉伸长率（△）、同一构件内断丝根数不超过钢丝总数的百分数、预应力筋张拉后在横断面上的坐标、无黏结段长度
后张法	管道坐标、管道间距（包含同排和上下层）、张拉应力值（△）、张拉伸长率（△）、断丝滑丝数
承台等大体积混凝土结构	混凝土强度（△）、平面尺寸、结构高度、顶面高程、轴线偏位和平整度
现浇墩、台身	混凝土强度（△）、断面尺寸、全高竖直度、顶面高程、轴线偏位（△）、节段间错台、平整度、预埋件位置
现浇墩、台帽或盖梁	混凝土强度（△）、断面尺寸、轴线偏位、顶面高程、支座垫石预留位置、平整度
就地浇筑梁、板	混凝土强度（△）、轴线偏位、梁（板）顶面高程、断面尺寸（△）、长度、与相邻梁段间错台、横坡、平整度
梁、板或梁段预制	混凝土强度（△）、梁长度、断面尺寸（△）、平整度、横系梁及预埋件位置、横坡、斜拉索锚面
梁、板安装	支座中心偏位、梁（板）顶面高程、相邻梁（板）顶面高差
悬臂浇筑梁	混凝土强度（△）、轴线偏位、顶面高程、断面尺寸（△）、合龙后同跨对称点高程差、顶面横坡、平整度、相邻梁段间错台
悬臂拼装梁	合龙段混凝土强度（△）、轴线偏位、顶面高程、合龙后同跨对称点高程差、相邻梁段间错台
水泥混凝土桥面铺装	混凝土强度（△）、厚度、平整度、横坡、抗滑构造深度
沥青混凝土桥面铺装	压实度（△）、厚度、平整度、渗水系数、横坡、抗滑构造深度

 这是多项选择题或实务操作和案例分析题的采分点。

4. 隧道工程质量检验实测项目

隧道工程质量检验实测项目 表 1B420040-13

工程	实测项目
隧道总体质量检验	车行道宽度、内轮廓宽度、内轮廓高度（△）、隧道偏位、边坡或仰坡坡度
喷射混凝土	喷射混凝土强度（△）、喷层厚度、喷层与围岩接触状况（△）

 这是多项选择题或实务操作和案例分析题的采分点。

145

5. 交通安全设施质量检验实测项目

交通安全设施质量检验实测项目　　　表 1B420040-14

工程	实测项目
交通标志	标志面反光膜逆反射系数（△）、标志板下缘至路面净空高度、柱式标志板、悬臂式和门架式标志立柱的内边缘距土路肩边缘线距离、立柱竖直度、基础顶面平整度、标志基础尺寸
交通标线	标线线段长度、标线宽度、标线厚度（△）、标线横向偏位、标线纵向间距、逆反射亮度系数（△）、抗滑值
波形梁钢护栏	波形梁板基底金属厚度（△）、立柱基底金属壁厚（△）、横梁中心高度（△）、立柱中距、立柱竖直度、立柱外边缘距土路肩边线距离、立柱埋置深度、螺栓终拧扭矩
混凝土护栏	护栏断面尺寸、钢筋骨架尺寸、横向偏位、基础厚度、护栏混凝土强度（△）、混凝土护栏快件之间的错位
隔离栅和防落物网	高度、刺钢丝的中心垂度、立柱中距、立柱竖直度、立柱埋置深度
轮廓标	安装角度、反射器中心高度、柱式轮廓标竖直度
防眩设施	安装高度（△）、防眩板设置间距、竖直度、防眩网网孔尺寸

 这是多项选择题或实务操作和案例分析题的采分点。

1B420050 公路工程项目安全管理

【考点1】公路工程项目职业健康安全管理体系（☆☆☆☆☆）[15年、17年单选，18年多选，20～22年案例]

1. 公路工程项目职业健康安全管理概述

公路工程项目职业健康安全管理概述　　　表 1B420050-1

项目	内容
方针	安全第一、预防为主、综合治理
机制	生产经营单位负责、职工参与、政府监管、行业自律和社会监督
核心	安全生产责任制
原则	"一岗双责、党政同责、失职追责"和"管行业必须管安全、管业务必须管安全、管生产经营必须管安全"
"五同时"	计划、布置、检查、总结、评比生产工作的同时

 简单了解。

2. 危险性较大的分部分项工程

危险性较大的分部分项工程　　　　表 1B420050-2

类别	需编制专项施工方案	需专家论证、审查
基坑开挖、支护、降水工程	（1）开挖深度不小于 3m 的基坑（槽）开挖、支护、降水工程。 （2）深度小于 3m 但地质条件和周边环境复杂的基坑（槽）开挖、支护、降水工程	（1）深度不小于 5m 的基坑（槽）的土（石）方开挖、支护、降水。 （2）开挖深度虽小于 5m，但地质条件、周围环境和地下管线复杂，或影响毗邻建（构）筑物安全，或存在有毒有害气体分布的基坑（槽）开挖、支护、降水工程
滑坡处理和填、挖方路基工程	（1）滑坡处理。 （2）边坡高度大于 20m 的路堤或地面斜坡坡率陡于 1:2.5 的路堤，或不良地质地段、特殊岩土地段的路堤。 （3）土质挖方边坡高度大于 20m、岩质挖方边坡高度大于 30m 或不良地质、特殊岩土地段的挖方边坡	（1）中型及以上滑坡体处理。 （2）边坡高度大于 20m 的路堤或地面斜坡坡率陡于 1:2.5 的路堤，且处于不良地质、特殊治土地段、特殊岩土地段的路堤。 （3）土质挖方边坡高度大于 20m、岩质挖方边坡高度大于 30m 且处于不良地质、特殊岩土地段的挖方边段的挖方边坡
基础工程	（1）桩基础。 （2）挡土墙基础。 （3）沉井等深水基础	（1）深度不小于 15m 的人工挖孔桩或开挖深度不超过 15m，但地质条件复杂或存在有毒有害气体分布的人工挖孔桩工程。 （2）平均高度不小于 6m 且面积不小于 1200m^2 的砌体挡土墙的基础。 （3）水深不小于 20m 的各类深水基础
大型临时工程	（1）围堰工程。 （2）各类工具式模板工程。 （3）支架高度不小于 5m；跨度不小于 10m，施工总荷载不小于 10kN/m^2；集中线荷载不小于 15kN/m。 （4）搭设高度 24m 及以上的落地式钢管脚手架工程；附着式整体和分片提升脚手架工程；悬挑式脚手架工程、吊篮脚手架工程；自制卸料平台、移动操作平台工程；新型及异型脚手架工程。 （5）挂篮。 （6）便桥、临时码头。 （7）水上作业平台	（1）水深不小于 10m 的围堰工程。 （2）高度不小于 40m 的墩柱、高度不小于 100m 的索塔的滑模、爬模、翻模工程。 （3）支架高度不小于 8m；跨度不小于 18m，施工总荷载不小于 15kN/m^2；集中线荷载不小于 20kN/m。 （4）50m 及以上落地式钢管脚手架工程。用于钢结构安装等满堂承重支撑体系，承受单点集中荷载 7kN 以上。 （5）猫道、移动模架
桥涵工程	（1）桥梁工程中的梁、拱、柱等构件施工。 （2）打桩船作业。 （3）施工船作业。 （4）边通航边施工作业。 （5）水下工程中的水下焊接、混凝土浇筑等。 （6）顶进工程。 （7）上跨或下穿既有公路、铁路、管线施工	（1）长度不小于 40m 的预制梁的运输与安装，钢箱梁吊装。 （2）跨度不小于 150m 的钢管拱安装施工。 （3）高度不小于 40m 的墩柱、高度不小于 100m 的索塔等的施工。 （4）离岸无掩护条件下的桩基施工。 （5）开敞式水域大型预制构件的运输与吊装作业。 （6）在三级及以上通航等级的航道上进行的水上水下施工。 （7）转体施工

续表

类别	需编制专项施工方案	需专家论证、审查
隧道工程	（1）不良地质隧道。 （2）特殊地质隧道。 （3）浅埋、偏压及邻近建筑物等特殊环境条件隧道。 （4）Ⅳ级及以上软弱围岩地段的大跨度隧道。 （5）小净距隧道。 （6）瓦斯隧道	（1）隧道穿越岩溶发育区、高风险断层、沙层、采空区等工程地质或水文地质条件复杂地质环境；Ⅴ级围岩连续长度占总隧道长度10%以上且连续长度超过100m；Ⅵ级围岩的隧道工程。 （2）软岩地区的高地应力区、膨胀岩、黄土、冻土等地段。 （3）埋深小于1倍跨度的浅埋地段；可能产生坍塌或滑坡的偏压地段；隧道上部存在需要保护的建筑物地段；隧道下穿水库或河沟地段。 （4）Ⅳ级及以上软弱围岩地段跨度不小于18m的特大跨度隧道。 （5）连拱隧道；中夹岩柱小于1倍隧道开挖跨度的小净距隧道；长度大于100m的偏压棚洞。 （6）高瓦斯或瓦斯突出隧道。 （7）水下隧道
起重吊装工程	（1）采用非常规起重设备、方法，且单件起吊重量在10kN及以上的起吊吊装工程。 （2）采用起重机械进行安装的工程。 （3）起重机械设备自身的安装、拆卸	（1）采用非常规起重设备、方法，且单件起吊重量在100kN及以上的起重吊装工程。 （2）起吊重量在300kN及以上的起重设备安装、拆卸工程
拆除、爆破工程	（1）桥梁、隧道拆除工程。 （2）爆破工程	（1）大桥及以上桥梁拆除工程。 （2）一级及以上公路隧道拆除工程。 （3）C级及以上爆破工程、水下爆程

 必须要掌握！必须要掌握！必须要掌握！重要的事情说三遍！

3. 专项方案与技术交底

 这个内容很重要。

◆施工单位应当依据风险评估结论，对风险等级较高的分部分项工程编制专项施工方案，并附安全验算结果。
◆项目实施前，施工单位应当对危险性较大的分部分项工程（简称"危大工程"）和超过一定规模的危大工程，并组织工程技术人员编制专项施工方案。
◆专项施工方案应当由施工单位技术负责人审核签字、加盖单位公章，并由总监理工程师审查签字、加盖执业印章后方可实施。
◆危大工程实行分包并由分包单位编制专项施工方案的，专项施工方案应当由总承包单位技术负责人及分包单位技术负责人共同审核签字并加盖单位公章。
◆对于超过一定规模的危大工程，施工单位应当组织召开专家论证会对专项施工方案进行论证。实行施工总承包的，由施工总承包单位组织召开专家论证会。专家论证前专项施工方案应当通过施工单位审核和总监理工程师审查。
◆专项施工方案实施前，编制人员或者项目技术负责人应当向施工现场管理人员进行方案交底。
◆施工现场管理人员应当向作业人员进行安全技术交底，并由双方和项目专职安全生产管理人员共同签字确认。

4. 专项施工方案应包括的主要内容

 这是实务操作和案例分析题的采分点。

- ◆ 工程概况：工程基本情况、施工平面布置、施工要求和技术保证条件。
- ◆ 编制依据：相关法律、法规、规范性文件、标准、规范及图纸（国标图集）、施工组织设计等。
- ◆ 施工计划：包括施工进度计划、材料与设备计划。
- ◆ 施工工艺技术：技术参数、工艺流程、施工方法、检查验收等。
- ◆ 施工安全保证措施：组织保障、技术措施、应急预案、监测监控等。
- ◆ 劳动力计划：专职安全管理人员、特种作业人员等。
- ◆ 计算书及图纸。

【考点2】公路工程安全隐患排查与治理（☆☆☆）[20年、22年案例]

1. 隐患治理工作应坚持的原则

单位负责 → 行业监管 → 分级管理 → 社会监督

图1B420050-1　隐患治理工作应坚持的原则

 单责、行监、分管、社监。

2. 安全生产事故隐患排查的目标

安全生产事故隐患排查的目标　　　表1B420050-3

类别	内容
"两项达标"	施工人员管理达标；施工现场安全防护达标
"五项制度"	施工现场危险告知制度；施工安全监理制度；专项施工方案审查制度；设备进场验收登记制度；安全生产费用保障制度

直击考点 这是多项选择题的命题素材。

3. 安全生产事故隐患排查治理职责、方式和整改

 这里要注意"项目负责人"。

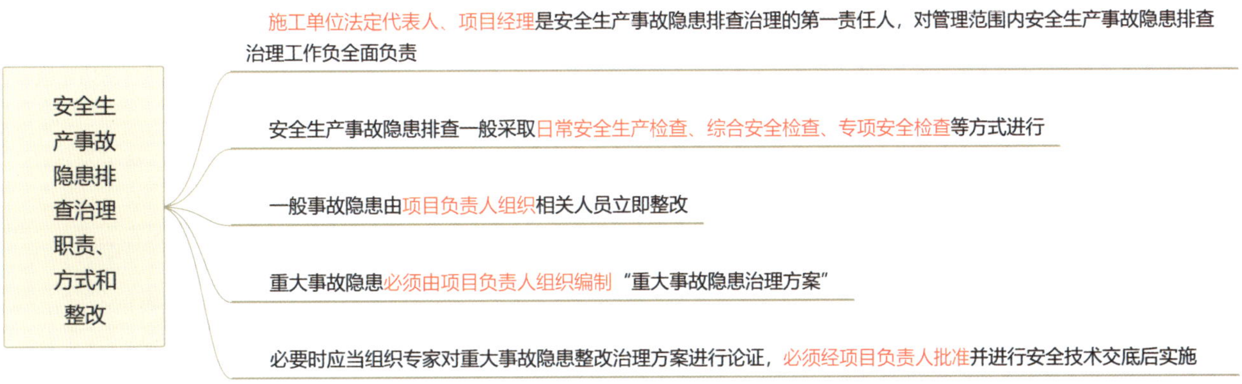

安全生产事故隐患排查治理职责、方式和整改：

- 施工单位法定代表人、项目经理是安全生产事故隐患排查治理的第一责任人，对管理范围内安全生产事故隐患排查治理工作负全面负责

- 安全生产事故隐患排查一般采取日常安全生产检查、综合安全检查、专项安全检查等方式进行

- 一般事故隐患由项目负责人组织相关人员立即整改

- 重大事故隐患必须由项目负责人组织编制"重大事故隐患治理方案"

- 必要时应当组织专家对重大事故隐患整改治理方案进行论证，必须经项目负责人批准并进行安全技术交底后实施

图1B420050-2　安全生产事故隐患排查治理职责、方式和整改

149

【考点3】公路工程项目应急管理体系（☆☆☆☆）[13年、19年多选，19年案例]

1. 应急预案体系的组成

应急预案体系的组成　　　　表 1B420050-4

组成	内容
综合应急预案	是指生产经营单位为应对各种生产安全事故而制订的综合性工作方案，是本单位应对生产安全事故的总体工作程序、措施和应急预案体系的总纲
专项应急预案	是指生产经营单位为应对某一种或者多种类型生产安全事故，或者针对重要生产设施、重大危险源、重大活动防止生产安全事故而制定的专项性工作方案
现场处置方案	是指生产经营单位根据不同生产安全事故类型，针对具体场所、装置或者设施所制订的应急处置措施

 应急预案体系由综合应急预案、专项应急预案和现场处置方案组成。

2. 应急预案的内容、评审、备案与实施

应急预案内容、评审、备案与实施　　　　表 1B420050-5

类别	内容
内容	总则、生产经营单位危险性分析、应急组织机构及职责、预防与预警措施、应急响应、信息发布、后期处置、保障措施
评审	施工单位应当对编制的应急预案组织评审，并形成书面评审纪要
公布	由施工单位主要负责人签署公布
备案	施工单位应当在应急预案公布之日起20个工作日内，按照分级属地原则，向属地安全生产监督管理部门和有关部门进行告知性备案
演练	每年至少组织一次综合应急预案演练或者专项应急预案演练，每半年至少组织一次现场处置方案演练
评估	施工单位应当每三年进行一次应急预案评估

 注意演练和评估的时间点。

3. 应急响应

应急响应　　　　表 1B420050-6

类别	内容
响应分级	针对事故危害程度、影响范围和单位控制事态的能力，将事故分为不同的等级。按照分级负责的原则，明确应急响应级别
响应程序	根据事故的大小和发展态势，明确应急指挥、应急行动、资源调配、应急避险、扩大应急等响应程序
应急结束	明确应急终止的条件，事故现场得以控制，环境符合有关标准，导致次生、衍生事故隐患消除后，经事故现场应急指挥机构批准后，现场应急结束

 理解一下。

150

【考点4】公路工程项目安全管理措施（☆☆☆☆☆）[20年、21年单选，16年多选，18年、21年案例]

1. 路基工程施工安全管理措施

路基工程施工安全管理措施　　　　　表 1B420050-7

工程类别	安全管理措施
路基挖（填）方	取土场（坑）底部应平顺并设有排水设施，取土场（坑）边周围应设置警示标志和安全防护设施，宜设置夜间警示和反光标识
	路堑开挖应自上而下开挖，不得掏底开挖、上下同时开挖、乱挖超挖
	路基高填方路堤施工应及时施做边坡临时排水设施，作业区边缘应设置明显的警示标志，应进行位移监测
不良地质工程	崩塌危岩体区域应采取主动网、被动网防护，采用锚杆、锚索固定，设置挡土墙，采取灌浆固结或柔性支护等措施进行防治
	滑坡体未处理之前，严禁在滑坡体上增加荷载，严禁在滑坡前缘减载。滑坡体可采用削坡减载方案整治，减载应自上而下进行，严禁超挖或乱挖，严禁爆破减载
路堑高边坡施工	有加固工程的土质边坡在开挖后应在 1 周内完成加固
	采取浅孔少装药、松动爆破等飞石少的方法，不得用石块覆盖炮孔，爆破后 15min 后才能进入现场
预应力锚固施工	钻孔后要清孔，锚索入孔后 1h 内注浆

 每一条都可以作为一个题目。

2. 路面工程施工安全管理措施

路面工程施工安全管理措施　　　　　表 1B420050-8

工程类别	安全管理措施
沥青混凝土路面	洒布车行驶中不得使用加热系统，洒布地段不得使用明火
	拌合机点火失效时，应关闭喷燃器油门，并应通风清吹后再行点火
水泥混凝土路面	覆盖养护时，预留孔洞周围应设置安全护栏或盖板，并应设置安全警示标志
	摊铺作业布料机与振平机应保持安全距离

 这是判断型选择题的命题素材。

3. 桥梁工程施工安全管理措施

桥梁工程施工安全管理措施　　　　表 1B420050-9

工程类别	安全管理措施
基坑施工	基坑外堆土时，堆土应距基坑边缘 1m 以外，堆土高度不得超过 1.5m
	基坑周边应设防护栏杆
支架现浇法施工	在河水中支搭支架应设防冲撞设施
	高于 4m 的满堂红支架，其两端和中间每隔四排立杆应从顶层开始向下每隔两步设置一道水平剪刀撑
墩柱（塔）施工	应编制专项施工方案，并组织专家论证
	拆除模板应按先支的后拆，后支的先拆顺序进行拆除
悬臂浇筑施工	挂篮的抗倾覆、锚固和限位结构的安全系数均不得小于 2
架桥机施工	斜交桥梁混凝土梁安装时，架桥机左右轮要前后错开

 了解一下即可。

4. 高处作业安全管理措施

图 1B420050-3　高处作业安全管理措施

 这是判断型选择题的命题素材。

5. 打桩船作业的相关规定

图 1B420050-4 打桩船作业的相关规定

6. 公路工程项目其他安全管理措施

图 1B420050-5 公路工程项目其他安全管理措施

 主要学习施工现场临时用电的安全管理措施。

1B420060 公路工程施工合同管理

【考点1】公路项目的合同体系结构（☆☆☆）

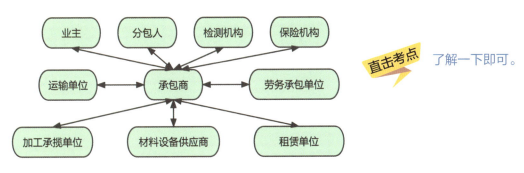

图 1B420060-1 承包商的主要合同关系

153

【考点2】公路项目施工合同的履行与管理方法（☆☆☆）[15年多选]

合同文件的组成和优先顺序

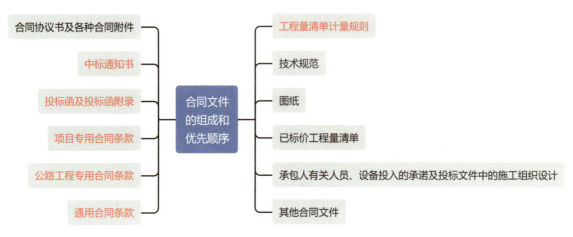

图 1B420060-2　合同文件的组成和优先顺序

 根据《公路工程标准施工招标文件》的规定，组成合同的各项文件应互相解释，互为说明。除项目专用合同条款另有约定外，解释合同文件的优先顺序如上。

【考点3】公路工程分包合同管理（☆☆☆☆）[15年、17年单选，20年多选]

公路工程分包合同管理　　　　　　　　　　　　　　　　　　表 1B420060-1

类别	内容
管理关系	发包人与分包人没有合同关系，但发包人对分包合同的管理主要表现为对分包工程的批准
	监理工程师对分包人在现场施工不承担协调管理义务。监理工程师就分包工程施工发布的任何指示均应发给承包人
	承包人应委派代表对分包人的施工进行监督、管理和协调
支付管理	分包人不能直接向监理工程师提出支付要求，必须通过承包人。发包人也不能直接向分包人付款，也必须通过承包人
变更管理	监理工程师一般不能直接向分包人下达变更指令，必须通过承包人。分包人不能直接向监理工程师提出分包工程的变更要求，也必须由承包人提出
索赔管理	分包人只能向承包人提出索赔要求

 一句话"必须通过承包人"。

【考点4】施工阶段工程变更的管理（☆☆☆）[18年单选，22年案例]

1. 工程变更的基本类型

工程变更的基本类型：
- 取消合同中任何一项工作，但被取消的工作不能转由发包人或其他人实施，由于承包人违约造成的情况除外
- 改变合同中任何一项工作的质量或其他特性
- 改变合同工程的基线、高程、位置或尺寸
- 改变合同中任何一项工作的施工时间或改变已批准的施工工艺或顺序
- 为完成工程需要追加的额外工作

图 1B420060-3　工程变更的基本类型

　一个"取消"，三个"改变"，一个"额外"。

2. 一般工程变更的审批程序

- 工程变更的提出人向驻地监理工程师提出工程变更的申请，包括变更的原因、工程变更对造价的影响等分析，必要时附上有关的变更设计资料。
- 驻地监理工程师对变更申请的可行性进行评估，并写出初步的审查意见。
- 总监理工程师对驻地监理工程师审查的变更申请进行进一步的审定，并签署审批意见。总监理工程师签署工程变更令。
- 承包单位组织变更工程的施工（包括可能的设计工作）。
- 监理工程师和承包人协商确定变更工程的造价及办理有关的结算工作。

　重要工程变更的审批程序是：监理工程师在下达工程变更令之前，一是要报业主批准，二是要同承包人协商确定变更工程的价格不超过业主批准的范围。重大工程变更的审批程序：业主在审批工程变更之前应事先取得国家计划主管部门的批准。

【考点5】公路项目施工索赔管理（☆☆☆☆☆）[18年、19年单选，21年、22年案例]

　这部分内容要结合《建设工程项目管理》科目的相关内容学习。

155

1B420070 公路项目施工成本管理

【考点1】公路项目施工成本管理的内容（☆☆☆）[20年、21年单选，22年案例]

1. 施工项目成本管理流程

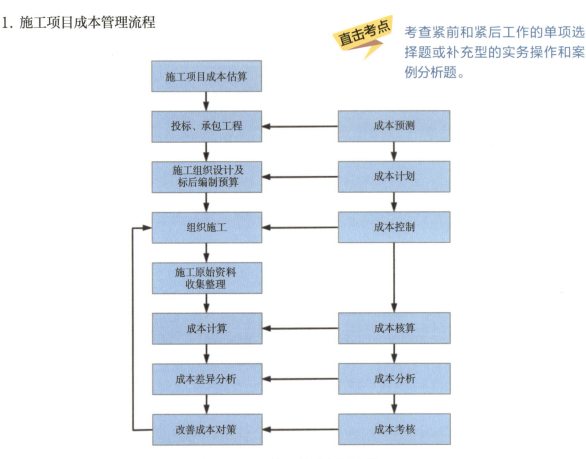

图 1B420070-1　施工项目成本管理流程

2. 公路项目施工成本计划的编制

编制施工成本计划的关键是确定责任目标成本

01

02

计划成本偏差=施工预算成本 - 责任目标成本

图 1B420070-2　公路项目施工成本计划的编制

 工程项目成本计划的编制过程，实际上也是工程成本的事前预控过程。

【考点2】公路项目标后预算编制（☆☆☆☆）[19年、20年、22年多选，22年案例]

1. 项目标后总费用构成

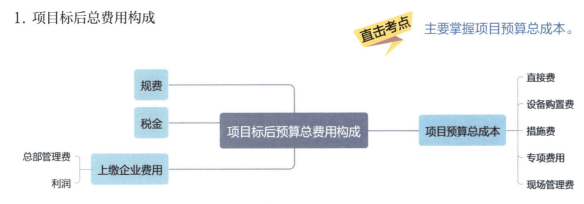

直击考点 主要掌握项目预算总成本。

图 1B420070-3　项目标后总费用构成

2. 标后预算总费用中的项目预算总成本

标后预算总费用中的项目预算总成本　　　　　　　　　　　　表 1B420070-1

费用		内容
直接费	人工费	直接从事建筑安装的生产工人开支的各项费用
	材料费	材料预算价格由材料原价、运杂费、场外运输损耗、采购及保管费组成，其中材料原价、运杂费按不含增值税（可抵扣进项税额）的价格确定
	机械费	不变费用包括折旧费、检修费、维护费和安拆辅助费。可变费用包括：燃、油料费，电费，机驾人员工资及其他费用等
设备购置费		包括渡口设备，隧道照明、消防、通风的动力设备，公路监控、收费、通信、路网运行监测、供配电及照明设备等费用
措施费		包括冬期施工增加费、雨期施工增加费、夜间施工增加费、特殊地区施工增加费、行车干扰工程施工增加费、施工辅助费、工地转移费等
专项费用		包括施工场地建设费和安全生产费
现场管理费		包括保险费、管理人员工资、工资附加费、指挥车辆使用费、通信费、办公费、水电费、主副食运费、差旅交通费、取暖降温费、不可预见费和其他费用

 这是多项选择题的采分点。

1B420080 公路工程造价管理

【考点1】公路工程工程量清单计价的应用（☆☆☆☆）[17年单选，18年、22年多选]

- ◆约定计量规则中没有的子目，其工程量按照有合同约束力的图纸所标示尺寸的理论净量计算。
- ◆本工程量清单中所列工程数量是估算的或设计的预计数量，仅作为投标报价的共同基础，不能作为最终结算与支付的依据。
- ◆当图纸与工程量清单所列数量不一致时，以工程量清单所列数量作为报价的依据。
- ◆工程量清单中的每一子目须填入单价或价格，且只允许有一个报价。
- ◆工程量清单中有标价的单价和总额价均已包括了为实施和完成合同工程所需的劳务、材料、机械、质检（自检）、安装、缺陷修复、管理、保险、税费、利润等费用，以及合同明示或暗示的所有责任、义务和一般风险。
- ◆承包人用于本合同工程的各类装备的提供、运输、维护、拆卸、拼装等支付的费用，已包括在工程量清单的单价与总额价之中。

 要工程量清单的单价与总额价中包括哪些费用。

【考点2】投标阶段合同价的确定（☆☆☆）[16年单选]

1. 投标报价的组成

投标报价的组成　　　　　　　　　　　　　　　　表1B420080-1

组成	内容
直接费	是指工程施工中直接用于工程上的人工、材料和施工机械使用费用的总和
措施费	冬、雨期施工增加费，夜间施工增加费，特殊地区施工增加费，行车干扰工程施工增加费，施工辅助费，工地转移费
企业管理费	由基本费用、主副食运输补贴、职工探亲路费、职工取暖补贴和财务费用等费用组成
规费	养老保险费、失业保险费、医疗保险费、工伤保险费和住房公积金等
税金	按国家税法规定应计入建筑安装工程造价的增值税销项税额
风险费	是对风险分析后确定的用于防范风险的费用

 可以考查多项选择题。

158

2. 投标报价的计算

投标报价的计算　　　　　　　　　　　表 1B420080-2

工料单价计算法	综合单价计算法
把单价分别填入招标人提供的工程量清单内，计算出全部工程量直接成本费，然后按企业自定的各项费率及法定税率，依次计算出间接费、利润及税金。另外，再考虑一项不可预见费，其费用总和即为基础报价	是所填入工程量清单的单价，应包括人工费、材料费、机械使用费、措施费、企业管理费、规费、利润和税金以及风险金等全部费用构成基础单价，即综合单价。此种方法用于单价合同的报价，报价金额等于工程量清单的汇总金额加上暂定金额

 对比一下计算方法。

【考点3】公路工程计量管理（☆☆☆）[19年单选，13年、17年多选]

图 1B420080-1　工程量计量的总原则

 主要掌握监理工程师的作用。

【考点4】公路工程施工进度款的结算（☆☆☆）

1. 工程价款的主要结算方式

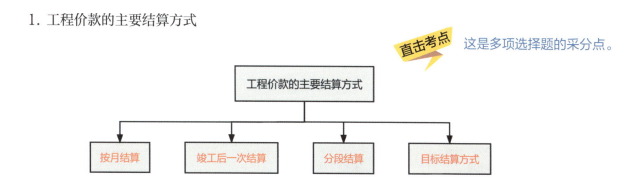

图 1B420080-2　工程价款的主要结算方式

2. 工程价款价差调整的主要方法

图 1B420080-3　工程价款价差调整的主要方法

【考点5】公路工程合同价款支付（☆☆☆）

各种款项支付的约定

各种款项支付的约定　　　　　　　　表 1B420080-3

款项	支付约定
开工预付款	在承包人签订了合同协议书且承包人承诺<u>主要设备进场后</u>，监理工程师应在当期进度付款证书中向承包人支付开工预付款
材料、设备预付款	在预计<u>交工前3个月</u>，将不再支付材料、设备预付款
预付款保函	承包人无须向发包人提交预付款保函
预付款的扣回	在进度付款证书的累计金额未达到签约合同价的<u>30%</u>之前不予扣回
质量保证金的支付	<u>交工验收证书签发后14d内</u>，承包人应向发包人缴纳质量保证金

 了解一下。

1B420090　公路工程施工现场临时工程管理

【考点1】项目部驻地建设（☆☆☆☆☆）[18年单选，16年、19年多选，18年案例]

1. 驻地选址要求

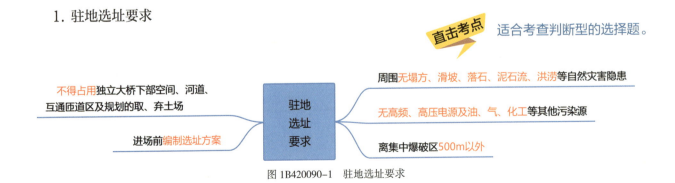

图 1B420090-1　驻地选址要求

2. 场地建设要求

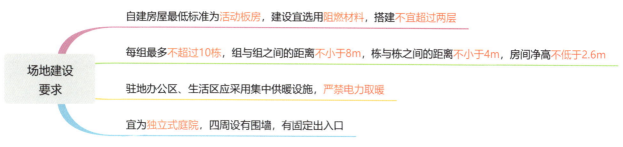

图 1B420090-2　场地建设要求

3. 驻地其他要求

图 1B420090-3　驻地其他要求

【考点2】预制场布设（☆☆☆☆）

1. 引桥主梁预制场施工现场作业区域具体布置示意图。

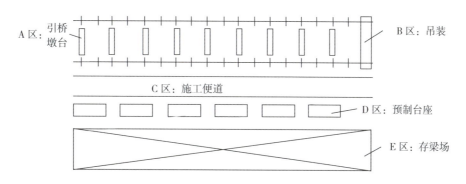

图 1B420090-4　引桥主梁预制场施工现场作业区域具体布置示意图

直击考点　施工现场分为A、B、C、D、E五个作业区域，C、D、E施工作业区域布置不合理。理由：施工便道和预制台座不应该在存梁区与吊装区之间，宜将存梁场布设在C区，施工便道布设在E区。

2. 预制梁场布设要求

预制梁场布设要求　　　　　　表 1B420090-1

项目	内容
场地选址	周围无塌方、滑坡、落石、泥石流、洪涝等地质灾害。无高频、高压电源及其他污染源；离集中爆破区 500m 以外；不得占用规划的取、弃土场；原则上不宜设在主线征地范围内
场地建设	场地建设前施工单位应将梁场布置方案报监理工程师审批，方案内容应包含各类型梁板的台座数量、模板数量、生产能力、存梁区布置及最大存梁能力等
	宜采用封闭式管理，场地内应按办公区、生活区、构件加工区、制梁区和存梁区、废料处理区等
	主要运输道路应采用不小于20cm厚的C20混凝土硬化，基础不好的道路应增设碎石掺石屑垫层。四周设置砖砌排水沟，并采用M7.5砂浆抹面
	预制梁板采用土工布包裹喷淋养护
预制梁板台座布设	先张法施工的张拉台座不得采用重力式台座，应采用钢筋混凝土框架式台座
	底模宜采用通长钢板，不得采用混凝土底模
	存梁区台座混凝土强度等级不低于C20
	设计文件无规定时，空心板叠层不得超过3层，小箱梁和T梁堆叠存放不得超过2层

 场地选址与前面的驻地选址的内容结合学习。

【考点3】拌合站设置（☆☆☆）[20年案例]

1. 某水泥混凝土拌合站平面布置示意图

 看图了解布置要求。

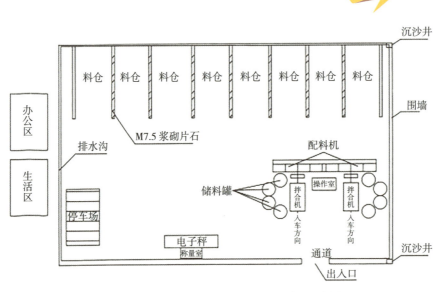

图 1B420090-5　某水泥混凝土拌合站平面布置示意图

2. 拌合站标识、标牌设置

拌合站标识、标牌设置　　　　　　　　　　　　　　　　　　表 1B420090-2

标识名称	标识内容及要求	设置位置
拌合站简介牌	拌合的数量、供应主要构造物情况及质量、安全保障体系等	场地入口处
混凝土配合比牌	—	拌合楼旁
材料标识牌	—	材料堆放处
操作规程	各机械设备操作要求	机械设备旁
消防保卫牌	底部应标有火警电话119	场内
安全警告警示牌	—	各作业点

 注意标识、标牌设置的位置。

1B420100 公路工程施工机械设备的使用管理

【考点1】公路工程施工机械设备的生产能力及适用条件（☆☆☆）[16年、17年单选，15年多选]

1. 公路工程土方机械的适用条件

公路工程土方机械的适用条件　　　　　　　　　　　　　　　　表 1B420100-1

土方机械	适用条件
推土机	一般适用于季节性较强、工程量集中、施工条件较差的施工环境。主要用于50～100m短距离作业，并可为铲运机与挖装机械松土和助铲及牵引各种拖式工作装置等作业
铲运机	广泛用于公路与铁路建设，铲运机应在Ⅰ、Ⅱ级土中施工，如遇Ⅲ、Ⅳ级土应预先疏松。在土的湿度方面，最适宜湿度较小（含水量在25%以下）松散砂土和黏土中施工，但不适宜于在干燥的粉砂土和潮湿的黏土中作业，更不宜在地下水位高的潮湿地区和沼泽地带以及岩石类地区作业
装载机	主要用来铲、装、卸、运散装物料，也可对岩石、硬土进行轻度铲掘作业，短距离转运工作，在较长距离的物料转运工作中，往往与运输车辆配合，以提高工作效率。在公路、特别是高等级公路施工中，主要用于工程的填挖，沥青和水泥混凝土料场的集料、装料等作业
挖掘机	单斗挖掘机适应于挖掘Ⅰ～Ⅳ级土及爆破后的Ⅴ～Ⅵ级岩石；履带式剥离型单斗挖掘机可开挖Ⅰ～Ⅳ级土壤；步行式剥离型单斗挖掘机适宜于在松软、沼泽地面工作。在公路工程施工中，遇到开挖量较大的路堑和填筑高路堤等大工程量时，选用挖掘机配合运输车辆组织施工比较合理

 很适合考查单项选择题。

（a）推土机　　　　　（b）铲运机　　　　　（c）装载机　　　　　（d）挖掘机

图 1B420100-1　公路工程土方机械

2. 破碎机械的适用范围

破碎机械的适用范围　　　　　表 1B420100-2

破碎机械类型	适用范围
颚式破碎机	可用于粗碎和中碎
锥式破碎机	可用于中碎和细碎
锤式破碎机	可用于中碎和细碎
反击式破碎机	可用于粗碎、中碎和细碎
辊式破碎机	可用于中碎和细碎

 所有机械都可以破碎中碎。

3. 压实机械的适用范围

压实机械的适用范围　　　　　表 1B420100-3

压路机类型	适用范围
光轮振动压路机	最适用于压实非黏土壤、碎石、沥青混凝土及沥青混凝土铺层
羊足或凸块式振动压路机	既可压实非黏土，又可压实含水量不大的黏性和细粒砂砾石混合料
YZ（单钢轮）系列振动压路机	主要用于各种材料的基础层、次基础层及填方的压实作业
YZC（双钢轮）系列振动压路机	主要用于高等级公路、机场、停车场及工业性场院等工程施工中的沥青混凝土、水泥混凝土等面层的压实，也适用于大型基础、次基础及路堤填方的压实
XP（轮胎）系列压路机	主要适用于各种材料的基础层、次基础层、填方及沥青面层的压实作业
3Y、2Y（静碾）钢轮系列压路机	主要适用于各种材料的基础层及面层的压实作业

 对比记忆。

4. 光轮压路机的应用范围

光轮压路机的应用范围　　　　表1B420100-4

按重量分类	应用范围
特轻型	压实人行道和修补沥青类路面
轻型	压实人行道、沥青表处层、公园小道、体育场和土路基
中型	压实路面、砾石、碎石基层、沥青混合料层
重型	砾石、碎石类基层，沥青混合料层的终压作业
特重型	压实大块石填筑的路基和碎石结构层

 重量不同应用范围也不同。

5. 路面机械的适用范围

路面机械的适用范围　　　　表1B420100-5

机械类型	适用范围
强制间歇式搅拌设备	高等级公路建设应使用
连续滚筒式搅拌设备	用于普通公路建设
沥青混合料摊铺机	最大摊铺宽度小于3600mm摊铺机主要用于路面养护和城市街道路面修筑工程；最大摊铺宽度在4000～6000mm摊铺机主要用于一般公路路面的修筑和养护；最大摊铺宽度在7000～9000mm摊铺机主要用于高等级公路路面工程；摊铺宽度大于9000mm摊铺机，主要用于业主有要求的高速公路路面施工
强制式搅拌设备	可拌制低塑性混凝土，适用于水泥混凝土路面工程等
水泥混凝土摊铺机	主要用于修筑水泥混凝土路面
石屑撒布机	适用于层铺法铺筑沥青路面
粉料撒布机	适用于道路稳定土路拌施工中撒布粉料
移动式厂拌设备	多用于工程分散、频繁移动的公路施工工程
固定式厂拌设备	适用于城市道路施工或工程量大且集中的施工工程
稳定土拌合机	主要适用于路拌法施工

 这是单项选择题的采分点。

（a）强制间歇式搅拌机　　　　（b）连续滚筒式搅拌机

图 1B420100-2　路面机械

6. 桥梁施工机械的适用范围

桥梁施工机械的适用范围　　　　表 1B420100-6

机械类型	适用范围
全套管钻机	主要用于大型桥梁钻孔桩的钻孔施工
螺旋钻机	用于灌注桩、深层搅拌桩、混凝土预制桩钻打结合法等工艺，适用土质的地质条件
冲击钻机	用于灌注桩钻孔施工，尤其在卵石、漂石地质条件下具有明显的优点
回转斗钻机	适用于除岩层外的各种土质地质条件
液压旋挖钻孔机	适用于除岩层、卵石、漂石地质外的各种土质地质条件，尤其在市政桥梁及场地受限的工程中使用

 这是单项选择题的采分点。

【考点2】公路工程主要机械设备的配置与组合（☆☆☆☆☆）[15年单选，18年多选，16年、21年案例]

1. 施工机械选择的一般原则

了解一下，可能会是多项选择题的采分点。

图 1B420100-3　施工机械选择的一般原则

2. 路基工程主要机械设备的配置

路基工程主要机械设备的配置　　　　　表 1B420100-7

工程	机械设备的配置
清基和料场准备	推土机、挖掘机、装载机和平地机等；遇有沼泽地段的土方挖运任务，应选用湿地推土机
土方开挖工程	推土机、铲运机、挖掘机、装载机和自卸汽车等
石方开挖工程	挖掘机、推土机、移动式空气压缩机、凿岩机、爆破设备等
土石填筑工程	推土机、铲运机、羊脚碾、压路机、洒水车、平地机和自卸汽车等
路基整形工程	平地机、推土机和挖掘机等

  使用最广的就是推土机和挖掘机。

（a）湿地推土机　　　　　（b）平地机

图 1B420100-4　路基工程主要机械设备

3. 路面基层施工主要机械设备的配置

路面基层施工主要机械设备的配置　　　　　表 1B420100-8

名称	机械设备的配置
拌合设备	集中拌合（厂拌）采用成套的稳定土拌合设备，现场拌合（路拌）采用稳定土拌合机
摊铺平整机械	拌合料摊铺机、平地机、石屑或场料撒布车
装运机械	装载机和运输车辆
压实设备	压路机
清除设备和养护设备	清除车、洒水车

  机械设备选型时要进行比较和核算，使机械设备经营费用达到最低。

4. 水泥混凝土路面施工主要机械设备的配置

水泥混凝土路面施工主要机械设备的配置　　　　表 1B420100-9

类别	机械设备的配置
主要设备	混凝土搅拌楼、装载机、运输车、布料机、挖掘机、吊车、滑模摊铺机、整平梁、拉毛养护机、切缝机、洒水车等
滑模式摊铺施工	除水泥混凝土生产和运输设备外，还要配备滑模摊铺机、混凝土罐送车、轮式挖掘机
道式摊铺施工	除水泥混凝土生产和运输设备外，还要配备卸料机、摊铺机、振捣机、整平机、拉毛养护机等

 滑模式摊铺施工时，高等级公路施工宜选配宽度为 7.5～12.5m 的大型滑模摊铺机。远距离运输宜选混凝土罐送车。

（a）混凝土搅拌楼　　　　　　　　（b）滑模摊铺机　　　　　　　　（c）整平梁

图 1B420100-5　水泥混凝土路面施工主要机械设备

5. 桥梁工程上部施工主要机械设备的配置

桥梁工程上部施工主要机械设备的配置　　　　表 1B420100-10

施工方法	机械设备的配置
顶推法	油泵车、大吨位千斤顶、穿心式千斤顶、导向装置等
滑模施工方法	滑移模架、卷扬机油泵、油缸、钢模板等
悬臂施工方法	吊车、悬挂用专门设计的挂篮设备
预制吊装施工方法	各类吊车或卷扬机、万能杆件、贝雷架等
满堂支架现浇法	万能杆件、贝雷架和各类轻型钢管支架等

 桥梁工程施工的通用施工机械有各类吊车、各类运输车辆和自卸车等。桥梁混凝土生产与运输机械，主要有混凝土搅拌站、混凝土运输车、混凝土泵和混凝土泵车。对海口大桥的施工需配置相应的专业施工设备，如打桩船、浮吊、搅拌船等。

6. 暗挖隧道施工法机械配置

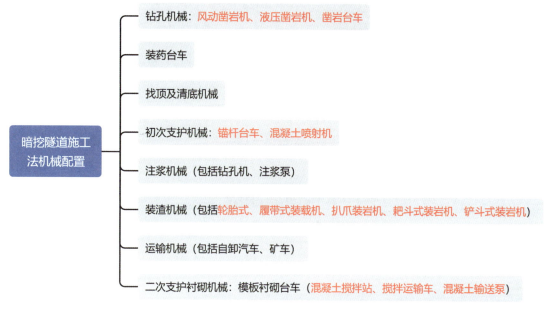

图 1B420100-6　暗挖隧道施工法机械配置

 这是多项选择题的采分点。

1B430000 公路工程项目施工相关法规及标准

1B431000 公路建设管理法规和标准

1B431010 公路建设法规体系和标准体系

 无可考查知识点。

1B431020 公路建设管理相关规定

【考点1】公路工程施工企业资质管理（☆☆☆）[16年多选]

1. 公路工程施工企业资质等级的划分

 只有公路工程施工总承包企业有特级资质。

公路工程施工企业资质等级的划分　　　　表 1B431020-1

施工企业	资质等级
公路工程施工总承包企业	分为特级企业、一级企业、二级企业、三级企业
公路路面工程专业承包企业	分为一级企业、二级企业、三级企业
公路路基工程专业承包企业	分为一级企业、二级企业、三级企业
桥梁工程专业承包企业	分为一级企业、二级企业、三级企业
隧道工程专业承包企业	分为一级企业、二级企业、三级企业

2. 公路工程施工总承包企业承包工程范围

公路工程施工总承包企业承包工程范围　　　　表 1B431020-2

企业等级	承包工程范围
特级企业	可承担各等级公路及其桥梁、隧道工程的施工
一级资质	可承担各级公路及其桥梁、长度3000m以下的隧道工程的施工

续表

企业等级	承包工程范围
二级资质	可承担一级标准以下公路，单座桥长1000m以下、单跨跨度150m以下的桥梁，长度1000m以下的隧道工程的施工
三级资质	可承担二级标准以下公路，单座桥长500m以下、单跨跨度50m以下的桥梁工程的施工

 区分长度和跨度。

【考点2】公路建设市场管理的相关规定（☆☆☆☆☆）[16年、18年、20年单选，18年、19年、21年多选]

1. 公路项目施工应当具备的条件

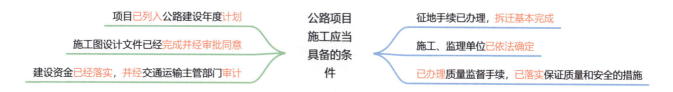

图1B431020-1　公路项目施工应当具备的条件

 这是多项选择题的命题素材。

2. 市场准入与市场主体行为管理

市场准入与市场主体行为管理
- 公路建设项目依法实行项目法人负责制
- 收费公路建设项目法人和项目建设管理单位进入公路建设市场实行备案制度
- 国家投资的公路建设项目，项目法人与施工、监理单位应当签订廉政合同
- 公路工程实行政府监督、法人管理、社会监理、企业自检的质量保证体系
- 所有分包合同须经监理审查，并报项目法人备案

图1B431020-2　市场准入与市场主体行为管理

 项目法人可自行管理公路建设项目，也可委托具备法人资格的项目建设管理单位进行项目管理。

171

3. 《公路工程设计施工总承包管理办法》的主要规定 总承包单位由项目法人依法通过招标方式确定。项目法人负责组织公路工程总承包招标。

《公路工程设计施工总承包管理办法》的主要规定
- 公路工程总承包招标应当在初步设计文件获得批准并落实建设资金后进行
- 总承包单位不得是总承包项目的初步设计单位、代建单位、监理单位或以上单位的附属单位
- 投标文件的编制时间自招标文件开始发售之日起至投标人提交投标文件截止时间止，不得少于60d
- 项目法人应当在初步设计批准概算范围内确定最高投标限价
- 工程永久使用的大宗材料、关键设备和主要构件可由项目法人依法招标采购，也可由总承包单位按规定采购
- 一般变更应当在实施前告知监理单位和项目法人，项目法人认为变更不合理的有权予以否定

图 1B431020-3 《公路工程设计施工总承包管理办法》的主要规定

4. 转包和违法分包的情形

转包和违法分包的情形　　　　　　　　　　　表 1B431020-3

转包	违法分包
（1）承包人将承包的全部工程发包给他人的。 （2）承包人将承包的全部工程肢解后以分包的名义分别发包给他人的。 （3）法律、法规规定的其他转包行为	（1）承包人未在施工现场设立项目管理机构和派驻相应人员对分包工程的施工活动实施有效管理的。 （2）承包人将工程分包给不具备相应资格的企业或者个人的。 （3）分包人以他人名义承揽分包工程的。 （4）承包人将合同文件中明确不得分包的专项工程进行分包的。 （5）承包人未与分包人依法签订分包合同或者分包合同未遵循承包合同的各项原则，不满足承包合同中相应要求的。 （6）分包合同未报发包人备案的。 （7）分包人将分包工程再进行分包的。 （8）法律、法规规定的其他违法分包行为

 承包人未在施工现场设立项目管理机构和派驻相应人员对分包工程的施工活动实施有效管理，并且有上述情形之一的，属于转包。如果不具备上述情形之一的，就属于违法分包的第（1）条。

【考点3】公路建设信用信息管理相关规定（☆☆☆☆）[13年、15年、16年、18年单选]

1. 公路建设市场信用信息管理办法

◆表彰奖励类良好行为信息、不良行为信息公布期限为2年。
◆信用评价信息公布期限为1年。

 公路建设市场信用信息包括公路建设从业单位基本信息、表彰奖励类良好行为信息、不良行为信息和信用评价信息。

2. 公路施工企业信用评价规则

图 1B431020-4　公路施工企业信用评价规则

公路施工企业信用评价工作实行定期评价和动态管理相结合的方式。

3. 公路施工企业信用评价等级

公路施工企业信用评价等级　　表 1B431020-4

信用等级	企业评分	信用评价
AA 级	95 分 ≤ X ≤ 100 分	信用好
A 级	85 分 ≤ X ≤ 95 分	信用较好
B 级	75 分 ≤ X ≤ 85 分	信用一般
C 级	60 分 ≤ X ≤ 75 分	信用较差
D 级	X ≤ 60 分	信用差

这是实务操作和案例分析题的命题素材。

【考点4】公路工程设计变更管理相关规定（☆☆☆）[21年、22年单选]

1. 公路工程设计变更的情形

公路工程设计变更的情形　　表 1B431020-5

属于重大设计变更的情形之一	属于较大设计变更的情形之一
连续长度 10km 以上的路线方案调整的	连续长度 2km 以上的路线方案调整的
—	连接线的标准和规模发生变化的
—	特殊不良地质路段处置方案发生变化的
—	路面结构类型、宽度和厚度发生变化的

续表

属于重大设计变更的情形之一	属于较大设计变更的情形之一
特大桥的数量或结构形式发生变化的	大中桥的数量或结构形式发生变化的
特长隧道的数量或通风方案发生变化的	隧道的数量或方案发生变化的
互通式立交的数量发生变化的	互通式立交的位置或方案发生变化的
—	分离式立交的数量发生变化的
收费方式及站点位置、规模发生变化的	监控、通信系统总体方案发生变化的
—	管理、养护和服务设施的数量和规模发生变化的
—	其他单项工程费用变化超过 500 万元的
超过初步设计批准概算的	超过施工图设计批准预算的

 设计变更指自公路工程初步设计批准之日起至通过竣工验收正式交付使用之日止，对已批准的初步设计文件、技术设计文件或施工图设计文件所进行的修改、完善等活动。公路工程设计变更分为重大设计变更、较大设计变更和一般设计变更。一般设计变更是指除重大设计变更和较大设计变更以外的其他设计变更。

2. 公路工程设计变更的审批和审查

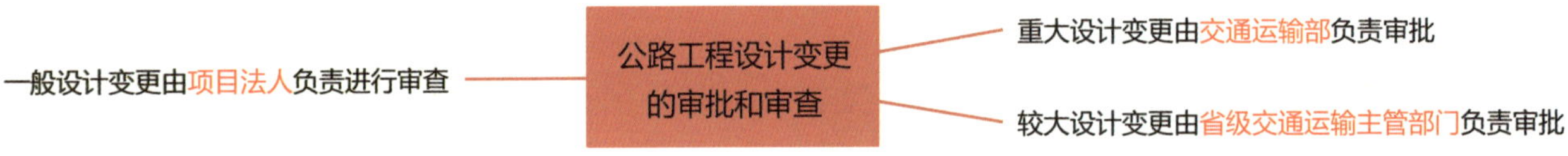

图 1B431020-5　公路工程设计变更的审批和审查

一般设计变更由项目法人负责进行审查
公路工程设计变更的审批和审查
重大设计变更由交通运输部负责审批
较大设计变更由省级交通运输主管部门负责审批

 公路工程重大、较大设计变更实行审批制。

【考点 5】公路工程施工招标投标管理相关规定（☆☆☆☆）[16 年、21 年单选，16 年多选，21 年案例]

1. 公路工程施工招标管理相关规定

 公路工程建设项目履行项目审批或者核准手续后，方可开展勘察设计招标；初步设计文件批准后，方可开展施工监理、设计施工总承包招标；施工图设计文件批准后，方可开展施工招标。

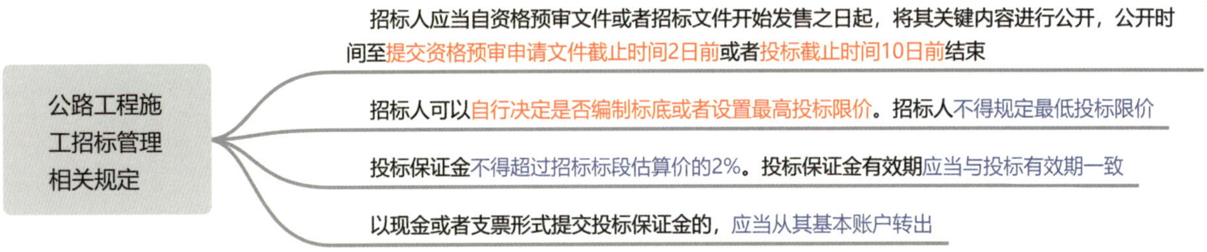

公路工程施工招标管理相关规定
- 招标人应当自资格预审文件或者招标文件开始发售之日起，将其关键内容进行公开，公开时间至提交资格预审申请文件截止时间2日前或者投标截止时间10日前结束
- 招标人可以自行决定是否编制标底或者设置最高投标限价。招标人不得规定最低投标限价
- 投标保证金不得超过招标标段估算价的2%。投标保证金有效期应当与投标有效期一致
- 以现金或者支票形式提交投标保证金的，应当从其基本账户转出

图 1B431020-6　公路工程施工招标管理相关规定

2. 公路工程建设项目可以不进行招标的情形之一

- ♦ 涉及国家安全、国家秘密、抢险救灾或者属于利用扶贫资金实行以工代赈、需要使用农民工等特殊情况。
- ♦ 需要采用不可替代的专利或者专有技术。
- ♦ 采购人自身具有工程施工或者提供服务的资格和能力，且符合法定要求。
- ♦ 已通过招标方式选定的特许经营项目投资人依法能够自行施工或者提供服务。
- ♦ 需要向原中标人采购工程或者服务，否则将影响施工或者功能配套要求。
- ♦ 国家规定的其他特殊情形。

 这是多项选择题的命题素材。

3. 公路工程施工投标管理相关规定

公路工程施工投标管理相关规定
- 投标文件应当以双信封形式密封，第一信封内为商务文件和技术文件，第二信封内为报价文件
- 在招标文件规定的投标截止时间前，投标人修改或者撤回投标文件的，应当以书面函件形式通知招标人
- 投标截止后投标人撤销投标文件的，招标人可以不退还投标保证金

图 1B431020-7　公路工程施工投标管理相关规定

 投标人在投标截止时间前撤回投标文件且招标人已收取投标保证金的，招标人应当自收到投标人书面撤回通知之日起 5 日内退还其投标保证金。

4. 公路工程施工开标、评标和中标管理相关规定

- ◆ 开标应当在招标文件确定的提交投标文件截止时间的同一时间公开进行。
- ◆ 投标人少于 3 个的，不得开标，投标文件应当当场退还给投标人；招标人应当重新招标。
- ◆ 开标由招标人主持，邀请所有投标人参加。
- ◆ 未参加开标的投标人，视为对开标过程无异议。
- ◆ 公路工程施工招标评标，一般采用合理低价法或者技术评分最低标价法。
- ◆ 技术特别复杂的特大桥梁和特长隧道项目主体工程，可以采用综合评分法。
- ◆ 工程规模较小、技术含量较低的工程，可以采用经评审的最低投标价法。
- ◆ 招标人和中标人应当自中标通知书发出之日起 30 日内，按照招标文件和中标人的投标文件订立书面合同。
- ◆ 履约保证金不得超过中标合同金额的 10%。

 一般会考查判断型的选择题。

【考点6】公路工程验收相关规定（☆☆☆☆）[15年、19年单选，13年多选]

1. 公路工程交工验收和竣工验收阶段的主要工作

公路工程交工验收和竣工验收阶段的主要工作　　　　表 1B431020-6

交工验收阶段	竣工验收阶段
检查施工合同的执行情况，评价工程质量，对各参建单位工作进行初步评价	对工程质量、参建单位和建设项目进行综合评价，并对工程建设项目作出整体性综合评价

 注意对比记忆。

2. 公路工程交工验收和竣工验收应具备的条件

公路工程交工验收和竣工验收应具备的条件　　　　表 1B431020-7

交工验收应具备的条件	竣工验收应具备的条件
合同约定的各项内容已全部完成。各方就合同变更的内容达成书面一致意见	通车试运营2年以上
施工单位按相关规定对工程质量自检合格	交工验收提出的工程质量缺陷等遗留问题已全部处理完毕，并经项目法人验收合格
监理单位对工程质量评定合格	工程决算编制完成，竣工决算已经审计，并经交通运输主管部门或其授权单位认定
质量监督机构对工程质量进行检测，并出具检测意见。检测意见中需整改的问题已经处理完毕	质量监督机构对工程质量检测鉴定合格，并形成工程质量鉴定报告
完成竣工文件资料内容的收集、整理及归档工作	竣工文件已完成"公路工程项目文件归档范围"的全部内容
施工单位、监理单位完成本合同段的工作总结报告	各参建单位完成工作总结报告
—	档案、环保等单项验收合格，土地使用手续已办理

 还是要对比理解和记忆。

3. 公路工程交工验收和竣工验收的质量评定

公路工程交工验收和竣工验收的质量评定　　　　表 1B431020-8

交工验收的质量评定	竣工验收的质量评定
—	工程质量评分大于等于90分为优良
质量评分大于等于75分的为合格	工程质量评分小于90分且大于等于75分为合格
质量评分小于75分的为不合格	工程质量评分小于75分为不合格

 竣工验收工程质量评分采取加权平均法计算，其中交工验收工程质量得分权值为0.2，质量监督机构工程质量鉴定得分权值为0.6，竣工验收委员会对工程质量的评分权值为0.2。对于交工验收和竣工验收合并进行的小型项目，质量监督机构工程质量鉴定得分权值为0.6，监理单位对工程质量评定得分权值为0.1，竣工验收委员会对工程质量的评分权值为0.3。

1B432000 公路施工安全生产和质量管理相关规定

1B432010 公路工程施工安全生产相关规定

【考点1】公路工程施工安全生产条件（☆☆☆）

施工单位专职安全生产管理人员的配备

```
                                    不足5000万元的 至少配备1名
施工单位专职安全生产管理
                        ├──── 5000万元以上不足2亿元的按 每5000万元不少于1名 的比例配备
人员的配备
                                    2亿元以上的 不少于5名，且按专业配备
```

图 1B432010-1　施工单位专职安全生产管理人员的配备

 施工单位应当设置安全生产管理机构或者配备专职安全生产管理人员。施工单位应当根据工程施工作业特点、安全风险以及施工组织难度，按照年度施工产值配备专职安全生产管理人员。

【考点2】公路工程承包人安全责任（☆☆☆）[19年单选]

施工单位项目负责人和专职安全生产管理人员的职责

施工单位项目负责人和专职安全生产管理人员的职责　　　　表 1B432010-1

项目负责人	专职安全生产管理人员
建立项目安全生产责任制，实施相应的考核与奖惩	—
按规定配足项目专职安全生产管理人员	—
结合项目特点，组织制定项目安全生产规章制度和操作规程	组织或者参与拟订本单位安全生产规章制度、操作规程，以及合同段施工专项应急预案和现场处置方案
组织制定项目安全生产教育和培训计划	组织或者参与本单位安全生产教育和培训，如实记录安全生产教育和培训情况
督促项目安全生产费用的规范使用	督促落实本单位施工安全风险管控措施
依据风险评估结论，完善施工组织设计和专项施工方案	检查施工现场安全生产状况，做好检查记录，提出改进安全生产标准化建设的建议
建立安全预防控制体系和隐患排查治理体系，督促、检查项目安全生产工作，确认重大事故隐患整改情况	及时排查、报告安全事故隐患，并督促落实事故隐患治理措施
组织制定本合同段施工专项应急预案和现场处置方案，并定期组织演练	组织或者参与本合同段施工应急救援演练
及时、如实报告生产安全事故并组织自救	制止和纠正违章指挥、违章操作和违反劳动纪律的行为

 施工单位应当书面明确本单位的项目负责人，代表本单位组织实施项目施工生产。

【考点3】公路工程项目施工安全风险评估（☆☆☆☆☆）[20年单选，22年多选，14年、18年、19年、21年案例]

1. 高速公路路堑高边坡工程施工安全风险评估方法

高速公路路堑高边坡工程施工安全风险评估方法 表 1B432010-2

类别	总体风险评估	专项风险评估
评估方法	专家调查评估法、指标体系法	
评估对象	以高速公路全线的路堑工程整体为评估对象	将风险等级达到高度风险（Ⅲ级）及以上的路堑段作为评估单元，以施工作业活动为评估对象
评估根据	根据工程建设规模、地质条件、工程特点、施工环境、诱发因素、资料完整性等	根据其施工安全风险特点及类似工程事故情况，进行风险辨识、分析、估测
提出建议	评估全线路堑边坡施工安全风险，确定风险等级并提出控制措施建议	针对其中的重大风险源进行量化评估，提出具体的风险控制措施
结论的作用	总体风险评估结论应作为编制路堑边坡工程施工组织设计的依据	专项风险评估结论应作为编制或完善专项施工方案的依据
评估组织	由建设单位负责组织	由施工单位负责组织
评估时间	应在项目开工前实施	应在路堑边坡分项工程开工前完成
评估工作费用	在项目安全生产费用中列支	

 总体风险评估和施工前专项风险评估应分别形成评估报告，评估报告内容应包括编制依据、工程概况、评估方法、评估步骤、评估内容、评估结论及对策建议等。

2. 公路桥梁工程施工安全风险评估范围

◆多跨或跨径大于40m的石拱桥，跨径大于或等于150m的钢筋混凝土拱桥，跨径大于或等于350m的钢箱拱桥，钢桁架、钢管混凝土拱桥。
◆跨径大于或等于140m的梁式桥，跨径大于400m的斜拉桥，跨径大于1000m的悬索桥。
◆墩高或净空大于100m的桥梁工程。
◆采用新材料、新结构、新工艺、新技术的特大桥、大桥工程。
◆特殊桥型或特殊结构桥梁的拆除或加固工程。
◆施工环境复杂、施工工艺复杂的其他桥梁工程。

 注意区分跨度。

3. 隧道工程施工安全风险评估范围

```
                    ┌── 穿越高地应力区、岩溶发育区、区域地质构造、煤系地层、采空区等工程地质或水文地
                    │   质条件复杂的隧道，黄土地区、水下或海底隧道工程
                    │
                    ├── 浅埋、偏压、大跨度、变化断面等结构受力复杂的隧道工程
                    │
隧道工程施           ├── 长度3000m及以上的隧道工程，Ⅵ、Ⅴ级围岩连续长度超过50m或合计长度占隧道全长
工安全风险   ───────┤   的30%及以上的隧道工程
评估范围             │
                    ├── 连拱隧道和小净距隧道工程
                    │
                    ├── 采用新技术、新材料、新设备、新工艺的隧道工程
                    │
                    ├── 隧道改扩建工程
                    │
                    └── 施工环境复杂、施工工艺复杂的其他隧道工程
```

图1B432010-2　隧道工程施工安全风险评估范围

 这是判断型选择题的命题素材。

4. 公路工程项目施工安全风险评估步骤

图1B432010-3　公路工程项目施工安全风险评估步骤

 这是排序题和补充型题的命题素材。

5. 公路工程项目施工安全风险评估相关知识

```
                        ┌── 风险评估报告内容应包括评估依据、工程概况、评估方法、评估步骤、评估内
                        │   容、评估结论及对策建议等
公路工程项目            │
施工安全风险   ─────────┤── 评估结论应当明确风险等级、可能发生事故的关键部位、区域或节点、事故可能
评估相关知识            │   性等级、规避或者降低风险的建议措施等内容
                        │
                        └── 当工程设计方案、施工方案、工程地质、水文地质、施工队伍等发生重大变化
                            时，应重新进行风险评估
```

图1B432010-4　公路工程项目施工安全风险评估相关知识

 这是多项选择题或实务操作和案例分析题的命题素材。

【考点 4】公路工程施工安全事故报告（☆☆☆）

工程施工安全事故等级划分

工程施工安全事故等级划分　　　　　　　　表 1B432010-3

等级	死亡人数	重伤人数	直接经济损失
特别重大事故	30 人以上	100 人以上	1 亿元以上
重大事故	10 人以上 30 人以下	50 人以上 100 人以下	5000 万元以上 1 亿元以下
较大事故	3 人以上 10 人以下	10 人以上 50 人以下	1000 万元以上 5000 万元以下
一般事故	3 人以下	10 人以下	1000 万元以下

 重伤包括急性工业中毒。"以上"包括本数，"以下"不包括本数。只要满足一个就可以判定。

1B432020 公路工程质量管理相关规定

【考点 1】公路工程施工单位质量责任和义务（☆☆☆）

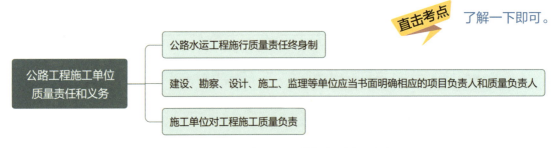

图 1B432020-1　公路工程施工单位质量责任和义务

【考点 2】公路工程质量事故管理相关规定（☆☆☆）

公路工程质量事故的等级划分

公路工程质量事故的等级划分　　　　　　　　表 1B432020-1

等级	直接经济损失	桥梁工程	隧道工程	水运工程
特别重大质量事故	1 亿元以上	—	—	—
重大质量事故	5000 万元以上 1 亿元以下	特大桥主体结构垮塌	特长隧道结构坍塌	大型水运工程主体结构垮塌、报废

续表

等级	直接经济损失	桥梁工程	隧道工程	水运工程
较大质量事故	1000万元以上5000万元以下	高速公路项目中桥或大桥主体结构垮塌	中隧道或长隧道结构坍塌	中型水运工程主体结构垮塌、报废
一般质量事故	100万元以上1000万元以下	除高速公路以外的公路项目中桥或大桥主体结构垮塌、中隧道或长隧道结构坍塌		小型水运工程主体结构垮塌、报废

 较大质量事故还包括路基（行车道宽度）整体滑移的事故；在一般质量事故以下的为质量问题。

【考点3】公路工程质量监督相关规定（☆☆☆☆）

公路工程质量监督相关规定
- 建设单位在办理工程质量监督手续后、工程开工前，应当办理施工许可或者开工备案手续
- 交通运输主管部门或者其委托的建设工程质量监督机构应当自建设单位办理完成施工许可或者开工备案手续之日起，至工程竣工验收完成之日止，依法开展公路水运工程建设的质量监督管理工作
- 交通运输主管部门委托的建设工程质量监督机构应当对工程质量进行验证性检测，出具工程交工质量核验意见

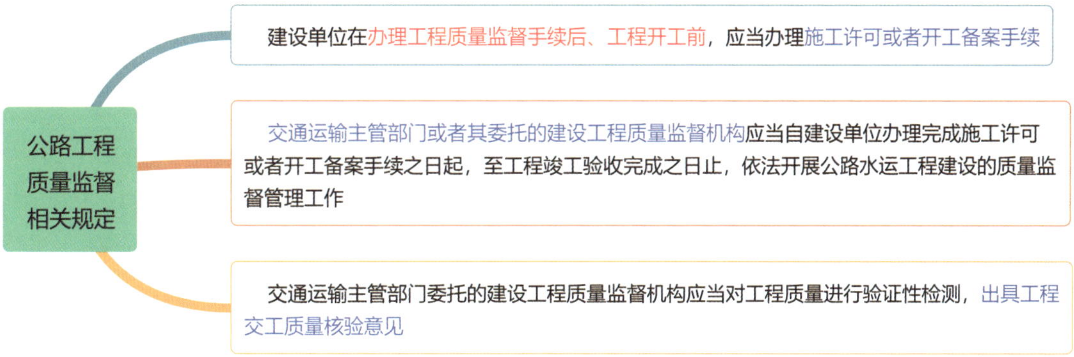

图 1B432020-2 公路工程质量监督相关规定

 非高频考点，了解即可。

图书在版编目（CIP）数据

公路工程管理与实务考霸笔记/全国一级建造师执业资格考试考霸笔记编写委员会编写.—北京：中国城市出版社，2023.5
（全国一级建造师执业资格考试考霸笔记）
ISBN 978-7-5074-3608-2

Ⅰ.①公… Ⅱ.①全… Ⅲ.①道路工程—工程管理—资格考试—自学参考资料 Ⅳ.① U415.1

中国国家版本馆CIP数据核字（2023）第085247号

责任编辑：田立平
责任校对：党　蕾
书籍设计：强　森

全国一级建造师执业资格考试考霸笔记
公路工程管理与实务考霸笔记
全国一级建造师执业资格考试考霸笔记编写委员会　编写
*
中国建筑工业出版社、中国城市出版社出版、发行（北京海淀三里河路9号）
各地新华书店、建筑书店经销
北京海视强森文化传媒有限公司制版
北京京华铭诚工贸有限公司印刷
*
开本：880毫米×1230毫米　1/16　印张：11¾　字数：321千字
2023年6月第一版　2023年6月第一次印刷
定价：**68.00**元
ISBN 978-7-5074-3608-2
（904609）

版权所有　翻印必究
如有内容及印装质量问题，请联系本社读者服务中心退换
电话：（010）58337283　QQ：924419132
（地址：北京海淀三里河路9号中国建筑工业出版社604室　邮政编码100037）